AF372044

Ted Zeff es doctor en Psicología por el Instituto de Estudios Integrales de California. Está considerado una eminencia mundial en el rasgo de la alta sensibilidad y lleva más de veinticinco años acompañando a niños y adultos altamente sensibles. Actualmente facilita talleres en todo el mundo, incluidos hospitales y centros médicos, y ofrece asesoría psicológica sobre estrategias que permiten gestionar una condición que cada vez despierta mayor interés. También ha escrito varios libros sobre el tema, con cerca de cien mil ejemplares vendidos. Ha sido entrevistado por medios tan prestigiosos como *NBC TV*, *Psychology Today* y *Huffington Post*, entre otros.

Código BIC: VS | Código BISAC: SEL031000
Diseño de cubierta: Opalworks

TED ZEFF

Prólogo de **ELAINE N. ARON**

LA GUÍA PARA LAS PERSONAS ALTAMENTE SENSIBLES

Habilidades esenciales para vivir bien
en un mundo sobresaturado de estímulos

Traducción de Silvia Alemany Vilalata

Argentina – Chile – Colombia – España
Estados Unidos – México – Perú – Uruguay

Título original: *The Highly Sensitive Person's Survival Guide – Essential Skills for Living Well in an Overstimulating World*
Editor original: New Harbinger Publications, Inc., Oakland, California
Traducción: Silvia Alemany Vilalta

Esta obra se publica en el entendido de que la editorial no se compromete a ofrecer servicios psicológicos ni de índole médica. Antes de emprender cualquier tratamiento relacionado con un trastorno de la salud conviene contrastar las opiniones de diversos profesionales del campo de la salud.

1.ª edición en **books4pocket** enero 2025

ISBN: 978-84-19130-36-5
E-ISBN: 978-84-17312-90-9
Depósito legal: M-23.953-2024

Fotocomposición: Urano World Spain, S.A.U.

Impreso por Novoprint, S.A. – Energía 53 – Sant Andreu de la Barca (Barcelona)

Impreso en España – *Printed in Spain*

Índice

Prólogo

Me alegro de poder presentar este libro a las Personas Altamente Sensibles (PAS) y a sus seres queridos. A todos los que todavía no conocéis el concepto os diré que Ted Zeff ha hecho un brillante trabajo para que conozcáis a las PAS y su manera de funcionar en el mundo. Veréis el gran cariño y respeto con que están escritas las páginas de este libro.

Ted Zeff comparte reflexiones atinadas, soluciones precisas para resolver los problemas a los que se enfrentan las PAS, y una selección excelente de consejos novedosos y muy prácticos que nos ayudarán a cuidar de un cuerpo y un espíritu altamente sensibles. Pero lo más importante de todo es que Zeff es un ejemplo de la actitud cariñosa y respetuosa que debe mostrarse ante todas las PAS del mundo. Tenemos suerte de que seamos objeto de su atención.

Los que estáis familiarizados con mi trabajo descubriréis que Ted y yo enfocamos las cosas de manera distinta, pero que eso puede ser muy estimulante. Es importante que comprendamos que, aunque el sistema nervioso sea similar esencialmente en todos los individuos, podemos enfocar los problemas y reflexionar sobre ellos de manera muy distinta. Cuanto mayor sea el número de perspectivas sensatas donde elegir, mejor que mejor; y la perspectiva de Ted es de las más recomendables.

Elaine N. Aron, doctora en Psicología

Introducción

«¡Ojalá los vecinos bajaran la música! Me están volviendo loca. No puedo soportarlo.»

«¿Qué música? Yo no oigo nada. Te molesta demasiado el ruido. Lo que te pasa no es normal.»

En realidad, no eres anormal por ser sensible a los ruidos, los olores o las luces, o si te superan las multitudes, sufres la presión de los horarios o no sabes filtrar los estímulos. Quizá formas parte de esa población que oscila del 15% al 20% y que es altamente sensible. Tu extrema sensibilidad debe de haberte planteado muchos retos en la vida. Por ejemplo, habrás sentido que te falta autoestima cuando alguien te haya dicho que es malo ser diferente, o te habrás sentido angustiado y tenso cuando te hayas visto en la obligación de tener que relacionarte con personas ruidosas y agresivas o exponerte constantemente a estímulos a lo largo de todo el día. En este libro aprenderás cientos de técnicas de superación para sobrevivir y esforzarte en un mundo que no está diseñado para las PAS (Personas Altamente Sensibles) y que puntúa muy alto la agresividad y la sobresaturación de estímulos. Conforme avances en la lectura del libro y apliques las diversas estrategias que te ofrece para arreglártelas, terminarás por valorar tu sensibilidad y comprenderás que ser una PAS, en realidad, es muy beneficioso.

Este libro no está dedicado solo a las Personas Altamente Sensibles. Las que no lo son también sabrán sacar partido de esta lectura y aprenderán a apoyar a esos amigos y familiares que sí lo son. Las estrategias de superación también les ayudarán a sentir una mayor paz interior en su vida.

¿Por qué escribí este libro?

Recuerdo claramente que empecé a sentir ansiedad y a padecer insomnio cuando iba a quinto de primaria porque me sentía agobiado en la escuela. No podía filtrar bien tantos estímulos, y me sentía muy angustiado y tenso en aquella aula tan grande y ruidosa. Cuando empecé la secundaria mi vida escolar era de pena. Reaccionaba intensamente ante cualquier situación que se diera en el aula, y me sentía totalmente incapaz de concentrarme en las tareas escolares. Mis padres me llevaron a un psicólogo para averiguar por qué «reaccionaba de una forma tan exagerada», tanto en casa como en la escuela. Por desgracia, como mi terapeuta no era una PAS y no comprendía mi extrema sensibilidad, me culpabilizaba de no ser capaz de arreglármelas ante la sobresaturación de estímulos.

Transcurrieron veinte años. Estaba realizando un doctorado en Psicología y especializándome en gestión del estrés cuando descubrí que mi sensibilidad e incapacidad para filtrar los estímulos era el origen de la ansiedad que había sentido toda mi vida. Empecé a darme cuenta de que intentar encajar en un mundo agresivo y sobresaturado de estímulos solo exacerbaba mi ansiedad. Por consiguiente, hice cambios radicales en mi estilo de vida. Empecé por controlar las conductas que me exponían a la sobresaturación de estímulos, me planteé un horario para hacer algún ejercicio que fuera adecuado a mi constitución, cambié de dieta y apliqué las técnicas de relajación a mi vida diaria. Además, también aprendí a aceptar y valorar mi sensibilidad.

Durante los estudios de posgrado exploré los campos de la nutrición, la meditación y la sanación holística aplicados a las Personas Altamente Sensibles. Basándome en mis investigaciones y experimentos empecé a dar clases sobre gestión del estrés en agrupaciones médicas, hospitales y universidades. En la actualidad me dedico a enseñar estrategias de superación a Personas Altamente Sensibles. Para mí es un privilegio poder compartir contigo las diversas estrategias de superación que he creado tanto para mis estudiantes altamente sensibles como para mí mismo.

Lo que vas a aprender

En este libro presento todo lo que he llegado a aprender a lo largo de la vida como PAS que soy y como psicólogo. Y eso incluye explorar lo que significa el concepto de «extrema sensibilidad», sobre todo en este mundo tan acelerado y sobrecargado de estímulos en que vivimos. En el libro también incluyo técnicas y estrategias prácticas que te permitirán mejorar tu condición de PAS.

Verás que los usos y costumbres de nuestra sociedad refuerzan la imagen negativa que se tiene de las PAS, y aprenderás a valorar tu sensibilidad. Descubrirás cómo puedes cambiar los hábitos que van en detrimento de tu paz interior. Te presentaré varios ejercicios de meditación que te ayudarán a permanecer centrado y en paz durante todo el día, y te guiaré para que desarrolles una detallada rutina por las mañanas y por las noches que te ayude a lidiar con los estímulos externos.

Este libro incluye distintos métodos para apaciguar los sentidos, junto con técnicas específicas que te ayuden a superar la presión de los horarios. Aprenderás a conservar la salud física llevando una dieta sana, practicando ejercicio y siguiendo un plan específico para las Personas Altamente Sensibles.

La relación existente entre la sobresaturación de estímulos y el sueño es muy importante, y nos centraremos en mejorar los patrones de sueño. A continuación aprenderás técnicas de relajación innovadoras que te ayudarán a dormir mejor. Quizá no te hayas planteado el hecho de que ser una Persona Altamente Sensible es algo que influye en tus relaciones, pero este es un aspecto interesante y vital de la vida altamente sensible. Una buena aportación para tu caja de herramientas para las PAS serán unas técnicas específicas que te servirán para que las relaciones con tu familia, tus amigos y tus colegas de trabajo sean armoniosas.

Hablaremos de los retos únicos que se les plantean a las PAS en el competitivo entorno laboral y de las distintas soluciones para hacer frente al estrés. El programa incluye métodos prácticos para cambiar un entorno laboral conflictivo y propuestas para crear condiciones laborales libres de estrés.

Empezarás a entender que tu capacidad inherente de vivir experiencias profundamente espirituales puede ayudarte a experimentar la paz interior. Te daré información práctica sobre cómo nutrir tu alma sensible, y empezarás a reconocer los beneficios de vivir de acuerdo con una perspectiva espiritual.

Pasaremos revista a muchas de las preguntas que plantean las PAS sobre cómo tratar situaciones difíciles, y te daremos algunas soluciones prácticas. Algunas de las preguntas plantean cómo sobrellevar la convivencia con vecinos ruidosos y groseros, cómo llevarte bien con los colegas conflictivos del trabajo y cómo tratar con familiares que desprecian tu sensibilidad. El capítulo final consiste en una guía extensa sobre las distintas opciones sanadoras que existen para las Personas Altamente Sensibles. También se incluye una lista de libros y de páginas web para las PAS.

Y ahora que ya sabes los motivos que me impulsaron a escribir este libro y lo que vas a aprender al leerlo, es hora de empezar tu nuevo viaje hacia la paz interior.

Agradecimientos

El trabajo pionero de Elaine Aron sobre las Personas Altamente Sensibles ha hecho posible este libro, y por eso valoro tanto el apoyo que ella me ha prestado. Doy las gracias a todos los alumnos de mis clases que han querido compartir sus historias. Valoro mucho el acompañamiento editorial de Jeanette Allen, Sharon Flowers y Pam Jung. Y mis felicitaciones a Andy Shedd por su asistencia técnica y a Lindan Johnsen por sus consejos. Quiero agradecer asimismo a mi sobrina, Rebecca Anderman, que me animara tanto a escribir este libro, a Carole Honeychurch sus excelente correcciones al manuscrito, que tanto me han ayudado, y a Spencer Smith, mi editor, por haber creído en este proyecto. Doy las gracias especialmente a mi maestra espiritual, Ammachi, cuyo amor incondicional por toda la humanidad me ha inspirado a mí y a millones de personas a llevar una vida más compasiva, equilibrada y alegre.

1

Introducción a las Personas Altamente Sensibles (PAS)

«Ya no soporto el estrés en el trabajo. El colega que se sienta a mi lado se pasa el día hablando en voz alta y es muy desagradable; y mi jefa no para de exigirme que cumpla con sus rígidos plazos de tiempo de entrega. No hay día que no salga del trabajo exhausto, nervioso como un flan y con un nudo en el estómago.»

«En mi familia todos se dedican a correr nuevas aventuras, pero a mí me gusta quedarme en casa. Y tengo la impresión de que estoy haciendo algo malo, porque normalmente no me apetece salir por ahí después del trabajo o durante los fines de semana.»

¿Te suenan de algo estos testimonios? Si es así, quizá seas una Persona Altamente Sensible.

¿Qué es una Persona Altamente Sensible?

Desde que se publicó el libro de Elaine Aron *El don de la sensibilidad* en 1996 y se convirtió en un punto de referencia, miles y miles de PAS (Personas Altamente Sensibles) empezaron a darse cuenta de que no tienen que considerarse unas fracasadas por tener un sistema nervioso muy afinado. Aproximadamente entre un 15% y un 20% de la población tiene problemas a la hora de filtrar estímulos, y se agobia rápidamente ante el ruido, las muchedumbres y la presión que marca el reloj. Las PAS tienden a ser muy sensibles al dolor, a los efectos de la cafeína y a las películas violentas. Las Personas Altamente Sensibles también se sienten incomodísimas ante la presencia de luces muy intensas, de olores fuertes y de los cambios que puedan producirse en su vida. Con este libro, que complementa a *El don de la sensibilidad*, aprenderás centenares de estrategias de superación para permanecer calmado y tranquilo en este mundo sobresaturado de estímulos en el que vivimos, y a transformar tu sensibilidad en paz interior y alegría.

Las PAS pueden considerar todo un reto crecer en una sociedad que valora la agresividad y la sobresaturación de estímulos. Yo me crié en una época de héroes como John Wayne, en la que los hombres de verdad tenían que ser fuertes, duros y callados. Como yo era un chico muy sensible, no encajaba en la escuela y pensaba que algo en mí no funcionaba. Desde una edad muy temprana asumí que era una mala persona porque me creí una mentira que me dijeron: ser sensible es un asco. Y prácticamente todo el sufrimiento emocional que me acompañó durante mi crecimiento estuvo relacionado directamente con no entender que mi sistema nervioso era muy sensible.

Quizá de adulto aún no entiendas tu sensibilidad. A las PAS les afecta negativamente el ritmo veloz y agresivo de la sociedad industrializada moderna. Es fácil que termines agotado al verte constantemente sobrecargado de estímulos, desde el exceso de violencia que se advierte en los medios de comunicación hasta la cacofonía de los ruidos que padecemos en la ciudad. Como las PAS representan una minoría de la población, es muy posible que hayas integrado los usos y costumbres de nuestra sociedad, que no está diseñada para las PAS. Por desgracia, cuando intentas encajar en un mundo tan sobresaturado de estímulos y desequilibrado, tu salud física, emocional y espiritual se resiente.

Cuestionario para Personas Altamente Sensibles

Cuando hice el cuestionario de Elaine Aron para Personas Altamente Sensibles, hace ya muchos años, pensé que estaba diseñado especialmente para mí, porque contesté afirmativamente a todas las preguntas. Sin embargo, hay muchas diferencias entre las Personas Altamente Sensibles. Para algunas los ruidos son intolerables, pero no les molestan los olores. Otras PAS saben aislarse del ruido, pero no pueden soportar las luces intensas.

El término «altamente sensible» puede desencadenar una reacción positiva o negativa. Ente los sinónimos de la palabra «sensibilidad» en cualquier diccionario de sinónimos aparecen los siguientes resultados: compasión, empatía, afectividad, comprensión y cordialidad. Sin embargo, para algunos encuestados a los que entrevisté, las palabras «altamente sensible» hicieron que les afloraran sentimientos de vergüenza e inutilidad, y me di cuenta de que esos mismos entrevistados intentaban minimizar su sensibilidad al responder el cuestionario sobre las PAS.

En la actualidad, hay muchas personas progresistas que creen que la sensibilidad es un rasgo positivo. Los encuestados no querían parecer «insensibles» en el momento en que repartí los cuestionarios, y me di cuenta de que tardaban mucho en contestar cada pregunta intentando justificar su sensibilidad. Intenta ser consciente de lo que sientes ante el término «altamente sensible» mientras respondes al cuestionario sobre las PAS.

¿Eres altamente sensible? Cuestionario[1]

Responde a cada pregunta en función de cómo te haga sentir. Responde «Verdadero» si lo es para ti de alguna manera. Responde «Falso» si la pregunta no te parece muy acertada o si consideras que no tiene nada que ver contigo.

Parezco ser consciente de las sutilezas de mi entorno.	V	F
El estado de ánimo de los demás me afecta.	V	F
Tiendo a ser muy sensible al dolor.	V	F
Siento que necesito retirarme los días de ajetreo, acostarme o encerrarme en una habitación a oscuras o en cualquier otro lugar donde pueda disfrutar de algo de intimidad y encontrar alivio ante tanto estímulo.	V	F
Soy particularmente sensible a los efectos de la cafeína.	V	F

---

1. Extraído de *El don de la sensibilidad*, de Elaine Aron. Copyright © 1996 de Elaine N. Aron. A Citadel Press Book. Derechos reservados. Reimpresión gracias a la colaboración de Kensington Publishing Corp. www.kensingtonbooks.com

Me superan fácilmente cosas como las luces intensas, los olores fuertes, las telas ásperas o las sirenas cercanas.   V F

Tengo una vida interior rica y compleja.   V F

Me molestan los ruidos fuertes.   V F

Me conmueven profundamente el arte o la música.   V F

Soy una persona concienzuda.   V F

Me sobresalto con facilidad.   V F

Me siento inquieto cuando tengo mucho que hacer y dispongo de poco tiempo.   V F

Cuando las personas se sienten incómodas en un entorno físico, suelo saber lo que hay que hacer para que les resulte más cómodo (como cambiar la iluminación o de asiento).   V F

Me molesta que los demás intenten que haga demasiadas cosas a la vez.   V F

Me esfuerzo mucho en evitar cometer errores o en olvidarme de las cosas.   V F

Me empeño en evitar las películas y los programas de la tele que son violentos.   V F

Siento una desagradable excitación nerviosa cuando me suceden muchas cosas a la vez.   V F

Sentirme muy hambriento me altera mucho; me desconcentra o cambia mi estado de ánimo.   V F

Los cambios vitales me trastornan.   V F

Me fijo en los aromas, los sabores y los sonidos delicados, y en las obras de arte refinadas, y además disfruto de ellos.   V F

Considero prioritario disponer mi vida de tal manera que pueda evitar situaciones perturbadoras o agobiantes.   V F

Cuando tengo que competir o se fijan en cómo hago una tarea, me pongo tan nervioso o me pongo a temblar tanto que lo hago peor de lo habitual.   V   F

De pequeño mis padres o mis profesores tendían a verme como una persona sensible o tímida.   V   F

La puntuación

Si has respondido «verdadero» como mínimo a doce de estas preguntas, probablemente seas una Persona Altamente Sensible; aunque, francamente, no existe ningún cuestionario psicológico tan preciso en el que debas basar tu vida. Si solo son verdaderas un par de preguntas para ti, pero lo son de verdad, también puedes considerarte una Persona Altamente Sensible.

El sistema nervioso de una PAS

En una entrevista del 10 de noviembre de 2003 que le hicieron a Carolyn Robertson, una neuroterapeuta titulada, descubrí que los patrones de ondas del cerebro de una PAS a menudo se encuentran situados en un estado theta. En dicho estado la persona está más abierta a los sentimientos intuitivos y capta la luz, el sonido y otras vibraciones sutiles con mayor intensidad. De todos modos, a pesar de que quien practica la meditación profunda (independientemente de cuál sea su sensibilidad) suele encontrarse en un estado theta, es capaz de filtrar sus sensaciones si se concentra.

Sin embargo, si en su interior no se concentran, las PAS procesan los estímulos con tanta intensidad que fácilmente terminan desbordadas, mucho antes incluso que las personas que no son altamente sensibles. Es como si les costara descartar cuáles son los estímulos irrelevantes; aunque, claro está, ¡a ver quién es el guapo que conoce bien lo que es irrelevante! Fijarse en el emplazamiento de una salida de emergencias puede parecer algo irrelevante, hasta que se declara un incendio.

Las PAS tienen que aprender a ignorar los estímulos indeseables, o a protegerse de ellos. Sobre todo, las personas que tuvimos una infancia difícil coincidimos en tener una dolorosa incapacidad crónica para evitar la sobresaturación de estímulos (Aron 1996). Donna, una mujer inteligente y atractiva de cuarenta y pico años, se matriculó en uno de mis cursos sobre PAS. Y una de las cosas que me contó fue que a veces se siente como si fuera por la vida despojada de su piel, como si fuera una esponja que absorbe todo lo que le sale al paso. Me comentó que de niña también se sentía carente de protección frente a la descarga de estímulos negativos que recibía tanto en casa como en la escuela, y que eso le hacía reaccionar emocionalmente porque a diario se sentía atacada de los nervios.

Donna quiso compartir con la clase sus vivencias, y fue muy valiente al decidirse. Cuando tenía trece años sus padres la llevaron a un neurólogo. Le hicieron un encefalograma, que reveló que su patrón de ondas cerebrales era errático y que eso podía contribuir a que fuera tan reactiva ante los estímulos. El especialista le recetó una medicación para paliar la intensidad que sentía ante ciertos estímulos. Durante un tiempo Donna pensó que la medicación le iría bien. Sin embargo, y en retrospectiva, llegó a la conclusión de que si hubiera crecido en un ambiente en el que hubiera recibido más apoyo y más cariño, y en el que se hubiera entendido y aceptado su sensibilidad, no habría reaccionado emocionalmente con tanta intensidad y tampoco habría necesitado medicación. A pesar de que los medicamentos pueden resultar útiles en determinadas situaciones, mi consejo es que primero adoptes un enfoque holístico para contrarrestar la sensibilidad de tu sistema nervioso.

Valores sociales y sensibilidad

Desde hace unos diez o veinte años la sensibilidad goza de más buena prensa, y se han conseguido grandes victorias en el ámbito de los valores sociales. A pesar de que la mayoría de hombres han sido educados para actuar con firmeza y reprimir sus emociones, en la actualidad hay mucho varón progresista que considera la sensibilidad una característica positiva. Durante estos últimos años los medios de comunicación se han hecho eco de la relación que existe entre las enfermedades relacionadas con el estrés y los entornos laborales intensos, y nos han dado la oportunidad de que nos cuestionemos si nos compensa trabajar bajo tanta presión en detrimento de nuestra salud.

A pesar de que existe una subcultura de gente progresista que acepta la sensibilidad como un valor preciado tanto para los hombres como para las mujeres, la sobresaturación de estímulos en nuestra sociedad ha aumentado a un ritmo alarmante. En la década de 1960 las canciones populares decían cosas tan inocentes como *I Want to Hold Your Hand* («Quiero cogerte de la mano»), mientras que en la música estridente de hoy en día se escuchan letras prolijas en tacos y violencia. Una de las faltas graves que podías cometer en la escuela en la generación anterior era hacer novillos (faltar a clase), mientras que ahora te encuentras con guardias de seguridad y detectores de metal en muchas de las escuelas de nuestras ciudades para evitar los tiroteos.

En la década de 1950 había tres o cuatro cadenas de televisión, mientras que en la actualidad estamos inundados por unas mil cadenas que retransmiten una enorme cantidad de programas saturados de sexo explícito y violencia gratuita. El teléfono de casa se ha visto substituido por millones de teléfonos móviles que pueblan nuestra sociedad moderna, y eso ha creado una cacofonía de clamores que circula a lo largo y a lo ancho del mundo. No hace mucho estaba haciendo senderismo por la magnífica cumbre de una montaña de Colorado, disfrutando del tranquilo y espectacular entorno natural, cuando un hombre se interpuso en mi camino gritando por el móvil: «¡Te dije que vendieras las acciones!»

Hace treinta o cuarenta años la mayoría comprábamos en las pequeñas tiendas del barrio y habíamos entablado una relación personal con el tendero o el dependiente. En los entornos urbanos actuales prácticamente todas esas tiendas a las que íbamos con nuestro padre o nuestra madre se han visto reemplazadas por compañías gigantescas e impersonales. Ahora tienes que enfrentarte a hordas de compradores mientras buscas desesperadamente ofertas entre miles de artículos, o empiezas a dar vueltas intentando que te ayude alguno de los pocos y mal pagados dependientes que van tan agobiados. Con tanto estímulo, no cuesta tanto entender a las PAS cuando dicen que ir de compras hoy en día es una experiencia que te agota emocionalmente. Recuerdo que una vez vi unos dibujos animados en los que salía una mujer joven que iba a comprar pasta dentífrica. Se la veía agobiada porque tenía que elegir entre una gran variedad de marcas: anticaries, flúor, sin flúor, antigingivitis, extrablanqueadora, gel, a rayas, antimanchas para los fumadores, protección para las encías, 15% de descuento en 2×1 y 20% de descuento en 3×1. Después de repasar la gran cantidad de productos a elegir, la mujer terminaba tan agobiada que se iba corriendo a casa a acostarse porque no podía con su alma.

La edad es un factor que determina nuestra sensibilidad a los estímulos. Los niños y las personas mayores son los más afectados por la sobresaturación de estímulos. Como los niños todavía no han desarrollado la capacidad de expresarse, a menudo reaccionan intensamente. (Para más información sobre los niños altamente sensibles, lee *El don de la sensibilidad en la infancia*, libro en el que se explican sucintamente los desafíos únicos que se nos plantean al criar a niños sensibles.) De adolescentes y de jóvenes, las PAS presentan un nivel más alto de tolerancia a la sobresaturación de estímulos. Algunos de estos adolescentes toleran incluso oír música muy alta y estar de fiesta hasta altas horas de la madrugada. A medida que uno va creciendo, sin embargo, la capacidad de tolerar estímulos disminuye, y es común que muchas PAS en su madurez a menudo se acuesten temprano y se resistan a salir. Sin embargo, hay que encontrar un equilibrio entre un exceso de estímulos y una carencia casi absoluta de ellos. A partir de los sesenta y cinco años la capacidad para tolerar estímulos vuelve a disminuir.

Dado que en la mayoría de países se valora el comportamiento agresivo, adaptarse a los valores de las personas que no son altamente sensibles representa todo un reto para las PAS en casi todas las sociedades. El que esa PAS encaje va a depender de la cultura en la que se haya criado. En un estudio que se hizo sobre escolares canadienses y chinos, se descubrió que en Canadá los niños altamente sensibles eran los menos valorados y respetados, mientras que en China los niños sensibles eran los más populares (Aron 2002). Tuve en casa a un estudiante de intercambio tailandés que vivió conmigo durante un año. Tone era un chico de dieciséis años, sensible y amable, cuando llegó a Estados Unidos. Me contó que los tailandeses valoran la amabilidad y la cordialidad. Casi todos hablan con dulzura y caminan con suavidad; es posible que sean las personas más amables del planeta. Cuando le observaba hablar con sus amigos tailandeses, veía que empleaban una voz melódica y suave. A Tone le costó mucho adaptarse al entorno agresivo tan en boga de los institutos americanos, en los que la conducta dura y belicosa en los varones es muy valorada, mientras que la amabilidad y la sensibilidad se consideran un defecto. Tone aprendió a renunciar a su sensibilidad e intentó volverse más asertivo para sobrevivir en la cultura occidental, diseñada para personas que no son altamente sensibles.

Los países varían en función de los estímulos a los que se ven expuestos sus ciudadanos. Un estudio indicaba que los hijos de los holandeses son más tranquilos que los de los estadounidenses, cuyos bebés, en general, están expuestos a un mayor número de estímulos (Aron 2002). En la India, los niños se crían rodeados de muchos estímulos, y eso es todo un reto para las PAS. Sin embargo, incluso las personas más sensibles de la India terminan habituándose a oír ruidos incesantemente. Entrevisté a un hombre hindú altamente sensible que llevaba cinco años viviendo en Estados Unidos. Ramesh me contó que cuanto más tiempo pasaba en este país, más se identificaba con la atmósfera comparativamente tranquila del lugar, y que luego, al regresar a la India, le costaba mucho adaptarse. De todos modos, al haber crecido en un entorno excesivamente ruidoso, Ramesh también contó que al final terminaba por adaptarse a la sobresaturación de estímulos de su país natal; y que al cabo de un tiempo, el ruido excesivo ya no le molestaba tanto.

Mientras que las PAS que se crían en entornos con sobresaturación de estímulos pueden superar mejor el exceso de estímulos, las personas sensibles criadas en sociedades con menos estímulos tardan más en adaptarse. Una estadounidense altamente sensible me habló de un viaje espiritual que había hecho a la India con occidentales e hindúes, y su historia es un buen ejemplo que demuestra que los estadounidenses necesitan un espacio propio donde estar tranquilos. Esa mujer me contó que tanto las hindúes como las estadounidenses dormían en el suelo, en dos dormitorios comunitarios. En uno de ellos las hindúes dormían juntas y apretujadas, apiñadas en una esquina, como las muñecas que colocamos sobre la almohada de la cama, mientras que las estadounidenses dormían exactamente a un metro de distancia las unas de las otras en la habitación contigua.

Del mismo modo, si una PAS del entorno rural de Montana se mudara a Manhattan, se vería desbordada ante el cúmulo de sensaciones que impregnarían sus sentidos. En el caso contrario, las personas sensibles que se han acostumbrado a la sobresaturación de estímulos del entorno urbano pueden encontrar difícil adaptarse a un entorno tranquilo y rural. Cuando vivía en las bucólicas Sierra Madre Mountains en California, un fin de semana vino a verme un amigo que trabajaba en el centro de San Francisco. Se agobió tanto por la falta de estímulos que no pudo aguantarlo y tuvo que ir al pueblo más cercano, que se encontraba a treinta minutos de distancia. Una alumna mía, en cambio, que también es una PAS y vive en un bario de la ciudad muy ruidoso, me dijo que la última vez que había estado en esos parajes le había costado mucho dormirse de tanto silencio como había.

Demos gracias a dios por las personas sensibles

Al comprender, aceptar y valorar la sensibilidad de tu sistema nervioso, y con el aprendizaje de métodos prácticos, de forma gradual serás capaz de identificar y de liberarte de las falsas creencias que puedas haber interiorizado y que te hayan hecho pensar que hay algo inherentemente malo en ti. Las PAS son una amplia minoría en esta sociedad que tanto valora y fomenta la sobresaturación de estímulos, la competitividad y la agresividad. Sin embargo, para que una sociedad funcione con un nivel óptimo tiene que existir un equilibrio entre soldados y directores ejecutivos, que no son PAS precisamente, y entre terapeutas y artistas, que, en su mayoría, sí son PAS.

De hecho, si hubiera más PAS en el mundo probablemente viviríamos en un planeta más saludable y habría menos guerras y una menor destrucción medioambiental, y no habría tanto terrorismo. Son las PAS la que, gracias a su sensibilidad, contribuyen a imponer limitaciones al consumo de tabaco, a la contaminación y al ruido. Ahora bien, es importante observar que existen personas que, aunque no son altamente sensibles, son muy compasivas y amables, y que también hay PAS que son groseras e insensibles. Por ejemplo, mi padre, que no era una PAS, fue una de las personas más consideradas y cariñosas que he conocido jamás.

Aunque la mayoría de personas no altamente sensibles son bondadosas, su agresividad se potencia mucho en los medios de comunicación de casi todas las sociedades. Algunos directores ejecutivos que no son PAS y trabajan en grandes compañías han causado graves daños al planeta permitiendo que se perforen indiscriminadamente reservas petrolíferas, arrasando bosques y contaminando el medio ambiente. La Persona Altamente Sensible tiene una misión importante, que es ser el contrapunto de esas personas no sensibles cuyo comportamiento agresivo les lleva a defender políticas que no protegen al ser humano, a los animales y a la madre naturaleza. Si alguna vez te han dicho que eres demasiado sensible, piensa que ha sido la propagación de los valores insensibles lo que ha llevado al mundo al borde de la catástrofe, y que la única esperanza que tenemos de poder salvar al planeta es mostrarnos sensibles y amables con todos los seres sensitivos.

Si este rasgo tan particular que tenemos puede representarnos todo un reto, también es cierto que disfrutamos de grandes y magníficas ventajas: entre ellas, el hecho de que somos meticulosos, y que también somos capaces de apreciar en su justo valor la belleza, el arte y la música. También somos capaces de apreciar los manjares, porque nuestras papilas gustativas son muy sensibles, y la sensibilidad de nuestro olfato nos permite disfrutar a fondo de aromas tan finos y naturales como los de las flores. Somos intuitivos, y tendemos a vivir experiencias espirituales muy intensas. Sentimos un escalofrío en la espalda al percibir los peligros potenciales mucho antes que las personas que no son altamente sensibles. Somos concienzudos en todo lo que atañe a la seguridad, y seríamos los primeros en saber cómo salir de un edificio en caso de emergencia. Valoramos que se dé un trato humano a los animales. Tendemos a ser amables, compasivos y comprensivos, y eso nos convierte en terapeutas, maestros y sanadores natos. Nos entusiasma la vida, y por eso somos capaces de vivir el amor y la alegría con más intensidad que las personas que no son altamente sensibles; eso, si no cruzamos la raya y nos sentimos agobiados.

La cultura mayoritaria, que no es altamente sensible, a veces critica nuestra sensibilidad. Las PAS son minoría en todas las sociedades, y eso suele favorecer a la mayoría de personas que no lo son (Aron 1996). En ocasiones, las personas que no son altamente sensibles te preguntarán qué te pasa cuando expreses la necesidad de disfrutar de un rato en silencio, cuando te sientas desbordado en el trabajo o mientras estés haciendo tus tareas domésticas. Juzgarte porque tu sistema nervioso es más sensible de lo habitual es como discriminar a alguien basándose en el color de su piel, su religión o su país de origen. Como les sucede a otros grupos minoritarios, es importante que nos esforcemos en educar a la población en general para que comprenda el funcionamiento de nuestro sistema nervioso, y que nos esforcemos también en aceptar nuestra sensibilidad y en aprender la manera de poder sobrevivir en esta cultura, que mayoritariamente es para personas que no son altamente sensibles.

Aunque no tienes que manifestarte con pancartas en pro de los derechos de las PAS (probablemente el ruido y la sobresaturación de estímulos de una manifestación te resultaría intolerable) te sería beneficioso aprender a fortalecer y aumentar tu autoestima. Lo lograrás leyendo libros sobre PAS (el libro de Elaine Aron, *The Highly Sensitive Person's Workbook*, es una magnífica herramienta para reformular tu infancia en relación con tu sensibilidad), asistiendo a sesiones de terapia, y poniendo en práctica muchas de las propuestas de este libro. Entabla nuevas amistades con otras PAS e intenta evitar a las personas que consideran que estás lleno de defectos. Es muy importante que no te compares ni compitas con las personas que no son altamente sensibles.

Salir adelante como PAS

Si te dicen que eres demasiado sensible, lo mejor es tener preparada una buena refutación. Podrías decirle a esa persona no altamente sensible que, «según las últimas investigaciones de la doctora Elaine Aron, las PAS representan aproximadamente el 20% de la población (porcentaje dividido a partes iguales entre hombres y mujeres), y que esta población tiene un sistema nervioso central tan hipersensible que la hace ser más sensible a los estímulos medioambientales, tanto a los positivos como a los negativos. Los estímulos de que hablamos pueden ser el ruido, los perfumes, las luces intensas, la belleza, la presión de los horarios o el dolor. Somos personas que tendemos a procesar los estímulos sensoriales con más intensidad que los demás, y esa característica puede ser todo un reto a la par que resultar muy placentera». También queremos avisarte. Es importante que disciernas bien quién es tu interlocutor cuando hables de tu sensibilidad. Si crees que la otra persona te va a poner en ridículo o va a despreciar tu sensibilidad, lo mejor es que no compartas con ella esta información. Alumnos míos que son PAS me han contado que ni sus familiares ni sus colegas de trabajo tuvieron en consideración sus explicaciones cuando decidieron hablar de su sensibilidad, y que eso les hizo sentirse aún peor.

Vives en una cultura con una mayoría de personas no altamente sensibles; por eso es importante aprender el arte del compromiso y no esperar grandes cambios en la vida de las personas para que estas terminen por acomodarse a ti. Una PAS me dijo un día que unos vecinos de su edificio ponían la música a todo volumen por las noches. Me contó que habló con ellos y que estos se comprometieron a poner la música floja durante toda la semana, salvo los viernes y los sábados, días en que podrían subir el volumen durante unas horas.

Es importante que cuando te dirijas a las personas para pedirles que cambien en algo que te agobia lo hagas con educación y no eches la culpa a los que disfrutan con el exceso de estímulos. Va muy bien tener preparadas algunas frases para pedir lo que necesitas. Por ejemplo, si le pides a alguien que hable más bajo, primero intenta llevarte bien con esa persona antes de pedirle o escribirle que no haga tanto ruido. Cuando le hayas explicado que eres sensible a los ruidos, dile que quieres asegurarte de que se siente cómodo y no le molesta tu petición. Dile a esa persona que valorarías mucho que se quedara en silencio en ciertos momentos, y luego pregúntale si puedes hacer algo por ella para que se sienta mejor. Y finalmente, no estaría nada mal que te disculparas si por acceder a tu petición esa persona experimenta algún inconveniente, y dale las gracias por ser tan amable y considerada.

Es esencial que aceptes tu sensibilidad y no intentes imitar el comportamiento de personas que no son altamente sensibles. Recuerdo que una vez volé de California a Saint Louis para asistir a una reunión familiar y terminé agotado porque el vuelo estuvo sobresaturado de estímulos. Cuando llegamos a casa de mi hermana, mi hijo David, que no es una Persona Altamente Sensible, se organizó y quedó con otros familiares, que tampoco lo son, para ir al cine esa misma noche. Yo, en cambio, tuve que encerrarme en mi dormitorio, en silencio y a oscuras, y quedarme a descansar. Al no salir esa noche con mis familiares, que no son PAS, tuve la oportunidad de recuperarme de un viaje sobresaturado de estímulos.

Las PAS sienten el dolor con más intensidad que las que no lo son, y muchas afirman que cuando sienten dolor físico siempre intentan averiguar la causa del problema para intentar aliviarlo. Las personas que no son altamente sensibles, en general, toleran mejor el dolor. Un amigo que no es altamente sensible me dijo que un día se rompió el pie, y que fue capaz de aguantar el dolor durante más de un mes a pesar de que trabajaba de carpintero. Pues bien, el estoicismo es una de esas cualidades que a las PAS no les sirve de nada.

Es preciso que encuentres el equilibrio entre crearte demasiados estímulos, lo que te provocará ansiedad, y tener pocos estímulos, porque eso terminará aburriéndote. Por ejemplo, si encuentras que el gentío de los cines representa un estímulo demasiado fuerte para ti, puedes elegir ver una película durante algún pase que no sea en hora punta (como en las matinales o en los días laborables). Siempre puedes alquilar un CD, aunque conozco PAS que me han dicho que intentar elegir un CD no violento en esa atmósfera a menudo frenética que hay en la mayoría de tiendas de alquiler es todo un reto. También puedes ir a los restaurantes antes de la hora punta, lo que te permitirá disfrutar de una experiencia más tranquila.

Tienes que aprender a discernir entre cuándo hay que fajarse con los estímulos y cuándo tienes que evitar agobiarte. A veces necesitarás esforzarte un poco para irte de senderismo o visitar un museo (en un horario no demasiado concurrido) en lugar de huir de todo y refugiarte en el silencio y la tranquilidad de tu hogar. George, un cuarentón que es una PAS, fue a un parque de atracciones con su hijo Julian. George me contó que Julian le rogó que participara con él en una carrera de *karts*. George le dijo a su hijo que no se sentía capaz de soportar la hiperestimulación de conducir en una carrera peligrosa.

Sin embargo, como Julian no dejaba de insistir, George finalmente accedió a conducir el kart. Con la mayor cautela le fue tomando el pulso al coche y a la pista y se tomó tiempo para comprobar todos los riesgos potenciales. Pero cuando empezó a sentirse seguro, comenzó a conducir más rápido. Al terminar la carrera, estaba exultante.

En mi caso, se me presentó la oportunidad de aprender a conducir un tractor durante una época en que vivía en un entorno rural. Aunque al principio me mostré reticente a intentar conducir un vehículo tan peligroso, luego me sentí satisfecho cuando fui capaz de conducirlo. De todos modos, dudo mucho que las PAS que manejan maquinaria pesada puedan sindicalizarse.

Está muy bien negarse a participar en actividades estimulantes si te inclinas más por una afición relajante como dibujar, escribir o leer. En nuestra cultura hay personas que siempre andan a la caza de estímulos externos que sean intensos, para evitar tener que explorar su yo interior. A las PAS les resulta muy beneficioso reservarse un tiempo a diario para meditar o realizar actividades silenciosas y así sentirse equilibradas en este mundo sobresaturado de estímulos en el que vivimos.

A veces te sentirás más desbordado por los estímulos cuando te sientas indefenso. Me he dado cuenta de que cuando las PAS controlan los estímulos a los que se ven expuestas, ya no les afectan tanto. Robert es una PAS que se encuentra ya en su madurez y que, sencillamente, no puede soportar los ruidos ambientales. Vive en una zona muy aislada y en muy raras ocasiones sale de casa. Robert se ha creado una situación ideal para limitar tanto estímulo, y trabaja para la oficina desde casa, rodeado de la serenidad que le ofrece su entorno rural. No hace mucho fui a visitarlos, a él y a su esposa, durante un tiempo en que estaban de reformas y tenían operarios en casa. A mí me desconcertó mucho el ruido del martilleo constante y de las herramientas eléctricas, y me sorprendió mucho que a Robert no le molestara todo ese ruido. Cuando le pregunté la razón, me respondió que a él no le molestaba tanto como a mí, porque sabía que, si deseaba que los carpinteros dejaran de hacer ruido, podía decirles que dejaran de trabajar.

A mí me vuelve loco el ladrido de los perros, pero cuando es mi perro quien ladra, no me molesta, porque sé que en cualquier momento puedo lograr que deje de meter ruido. Quizá, si te encuentras en una situación sobresaturada de estímulos, una buena pregunta que puedes hacerte es cómo puedes controlar mejor las circunstancias en lugar de actuar como una víctima expuesta a los estímulos. La rabia se basa en una sensación de impotencia, pero si reúnes el poder que hay en ti, en general la rabia desaparece.

Los hombres sensibles

Los hombres sensibles se enfrentan a desafíos muy concretos en las culturas occidentales, que suelen ser muy agresivas. Desde temprana edad a los muchachos se les dice que sean duros y no expresen sus emociones. Según William Pollock, autor de *Real Boys*, cuando los chicos no siguen estrictamente el «código de los muchachos» y muestran su amabilidad y sus emociones, en general terminan aislados y humillados (1998). Los muchachos que son

PAS aprenden a negar su auténtico yo para que sus iguales los acepten y valoren. Esta negación puede generarles miedo, ansiedad y poca autoestima. Paul Kivel escribió en su libro *Men's Work* que a los chicos se les mete en un cajón de sastre con una etiqueta donde pone: «Caja para actuar como un hombre»; y que eso significa que tienen que ser agresivos, duros, fuertes, controladores y activos. Según Dan Kindlon y Michael Thompson, autores de *Raising Cain*, que trata de cómo preservar la vida emocional de los muchachos, los chicos que expresan emociones como el miedo, la ansiedad o la tristeza se consideran femeninos, y los adultos de su entorno suelen tratarlos como si no fuera normal que los chicos tuvieran esa clase de emociones (1999).

Dan, un hombre PAS, me contó que cuando de pequeño iba al cine con sus amigos fingía que le habían gustado mucho las escenas sangrientas y violentas, aunque en el fondo apartaba la mirada de la pantalla. Sin embargo, tenía miedo de que los otros chicos lo vieran y se burlaran de él. Dan me comentó también que se sentía humillado porque no seguía la actualidad deportiva mientras estudiaba la escuela secundaria. Una vez, un chico que se sentaba junto a él le preguntó si le había gustado un partido importante, y él le respondió que ni siquiera se había enterado de que se celebrara un partido. Entonces su compañero empezó a reírse de él, y le contó a los otros muchachos que Dan era bastante rarito. Dan tomó la determinación de leer cada día la página de deportes para sentirse aceptado por los demás muchachos. También me contó que no le gustaba pelear. Sin embargo, iba a clases de artes marciales para defenderse del maltrato físico a que lo sometían los muchachos más agresivos del instituto. Aunque la mayoría de los muchachos sensibles no se sientan atraídos por deportes violentos como el boxeo, aprender artes marciales puede resultarles beneficioso porque así aprenden a no ser víctimas de abusones violentos y a no dejarse humillar.

En nuestra sociedad, ser sensible en general suele asociarse con ser femenino y débil, y puede ser muy castrante para los varones. A veces los hombres sensibles llegan a interiorizar la falsa creencia de que hay algo que no funciona porque son amables y no son capaces de tolerar una gran cantidad de estímulos. Un hombre sensible me dijo un día que de pequeño aprendió que no debía permitir que las cosas le molestaran. Y se esforzó al máximo por seguir un estilo de vida «masculino» yendo cada día al gimnasio, manteniendo una vida sexual sana con su esposa y negando su sensibilidad. Sin embargo, seguía sintiéndose angustiado al emular los valores masculinos de las personas que no son altamente sensibles.

Alex es un padre PAS que tiene un hijo de doce años que también es una PAS: Noah. A pesar de que Alex sufrió mucho de pequeño por no adaptarse al código de conducta de los muchachos, sentía aversión por su hijo cada vez que este se mostraba débil. Las maneras suaves y delicadas de Noah le recordaban lo mucho que sufrió de pequeño, cuando le tomaban el pelo y le humillaban a causa de su sensibilidad. Aunque sabía que aquello no estaba bien, Alex obligó a Noah a formar parte del equipo de fútbol y a practicar actividades tradicionalmente masculinas aunque el muchacho no sintiera ningún interés por el deporte. Noah terminaba traumatizado cuando intentaba competir con otros jugadores de fútbol, y dejó de ir a los entrenamientos. Por expreso deseo de su madre, toda la familia se embarcó en una terapia. Y cuando Alex empezó a asistir a las sesiones de terapia, se dio cuenta de que estaba obligando a su hijo a renunciar a su amabilidad innata porque había interiorizado el odio que sentía hacia sí mismo por ser una persona sensible. Al cabo de un tiempo, Alex fue capaz de aceptar que Noah, al igual que él mismo, eran varones altamente sensibles.

Cambiar de hábitos

La manera de cambiar de hábitos, y las razones para ello, es quizás una de las cosas más importantes que aprendas en este libro. Puedes informarte de toda suerte de maneras de sanación, pero si no integras los nuevos métodos en tu rutina diaria, esas técnicas de sanación terminarán borrándose de tu memoria. Leer una guía sin aplicar los conceptos aprendidos es como subirse a un bote para cruzar el río y no llegar a la otra orilla. En este apartado aprenderás a aplicar los diversos métodos de sanación de los que vamos a tratar en este libro.

El primer paso para cambiar de hábitos es investigar de qué manera tu sistema de creencias influye en tu comportamiento. Cuando eras niño, probablemente tus padres, tus maestros, tus iguales y los medios de comunicación te enseñaron que solo podrías ser feliz si vivías una vida estimulante basada en gratificaciones externas como, por ejemplo, ganar mucho dinero, encontrar a la pareja perfecta y triunfar en el trabajo. Buscar la felicidad e intentar experimentar la sensación de que vales mucho a partir de los estímulos externos, exclusivamente, puede generar ansiedad y tensión a las personas que son reflexivas y sensibles.

Es fundamental examinar a fondo los objetivos vitales cuando empiezas a entender que lo que deseas en realidad es paz interior, y que nada de este mundo en constante cambio conseguirá satisfacerte de una manera duradera. La vida es temporal, y todo terminará por abandonarte. No puedes llevarte contigo ni tu dinero, ni tu pareja, ni tu situación laboral cuando abandones tu cuerpo; por eso es bueno que empieces a mirar en tu interior para hacer los cambios necesarios que generen en ti la paz interior y la felicidad.

De pequeño quizá te dijeron que eras rarito por ser tan sensible. Quizá hayas interiorizado esa falsa creencia, y te hayas creado una profecía que se cumple de manera adictiva y se identifica subconscientemente con el sufrimiento emocional. En otras palabras, cuando te enfrentas a retos en el ámbito de la sensibilidad, quizá pienses que subconscientemente mereces sufrir porque crees tener un defecto. La mayor parte de las conductas contraproducentes se basan en que uno no se ama demasiado a sí mismo (Hay 1987). Conozco estudiantes sensibles que, a menudo, me dicen que les cuesta mucho salir de situaciones insostenibles, aun cuando les generan un profundo dolor en sus vidas. Conocí a una mujer PAS que tenía unos vecinos en el piso de arriba tan ruidosos que la volvían loca, pero siempre encontraba una excusa para no actuar. Conocí a otra PAS que trabajaba para un jefe abusón, y que se negaba sistemáticamente a buscar otro empleo. La mayoría de personas que siguen viviendo en situaciones emocionalmente destructivas creen que merecen sufrir. Su baja autoestima, basada en la falsa creencia de que hay algo malo en ellas, les hace pensar que merecen sentir dolor.

Cuando empieces a comprender la base de tu sistema de creencias serás consciente de que las creencias interiorizadas influyen en tus patrones de pensamiento. En otras palabras, cuando siembras un pensamiento, cosechas una acción. Y cuando repites una acción, desarrollas un hábito. Al conservar ese hábito, forjas tu carácter.

Cuando cambies de hábitos, necesitarás mostrarte amable contigo mismo y realizar esos cambios poco a poco. Por ejemplo, si intentas terminar con la costumbre de atiborrarte de pavo empezando con una dieta de choque, puedes terminar comiéndote el pavo entero… y, además, la guarnición. Haz cambios cada día, paso a paso. Por ejemplo, si quieres acostarte una hora antes y así tener más tiempo para dormir, intenta irte a la cama cinco minutos antes cada día para que al cabo de unas semanas puedas lograr tu objetivo.

Cuando hayas cambiado tu conciencia interiorizando estos valores positivos, harás cambios espontáneamente que te aportarán una mayor paz interior y disfrutarás más de tu vida. Yo fui adicto a la televisión toda mi vida hasta 1992. A pesar de que intentaba crearme un estilo de vida sano practicando ejercicio, manteniendo una dieta saludable, practicando meditación con regularidad y recurriendo a mis valores espirituales, seguía viendo programas en la tele que iban en detrimento de mi salud emocional, y eso lo hacía cada día, y durante horas. El mando a distancia era como una droga en mis manos, y mi pulgar iba saltando compulsivamente de una cadena a otra. Una noche estaba viendo una película basada en un hecho real sobre un asesino en serie que mataba a los empleados de un edificio de oficinas, y, de repente, me pregunté si yo invitaría a ese malvado a mi sala de estar en el caso de que llamara a mi puerta. ¡De eso, ni hablar!, me dije yo. ¿No sería que estaba dejándole entrar a través de la televisión? Cuando terminó la película, desconecté la antena y nunca más volví a ver programas comerciales en casa. En retroperspectiva comprendí que lo que al final acabó con esa adicción televisiva que iba en detrimento propio fue un cambio de conciencia: darme cuenta de lo destructivo que era para mí ver la televisión, porque yo era una PAS, y comprender que eso no me aportaría la paz interior que yo buscaba.

Si ves unos cuantos vídeos o limitas el tiempo que dedicas a ver televisión a algunos programas semanales que espiritualmente te aporten algo, eso implicará que pasarás mucho menos tiempo expuesto a una sobresaturación de estímulos que el estadounidense medio (que mira aproximadamente unas cuatro horas de televisión diarias). Otra ventaja de limitar tu tiempo ante la televisión es que evitarás que te bombardeen con una miríada de interminables anuncios sobrecargados de estímulos. Los anunciantes intentan vendernos sus productos en el menor tiempo posible, lo que resulta en una sobresaturación de estímulos que pueden llevarnos al caos si tenemos el sistema nervioso sensible de una PAS. Cuando veas la televisión, recuerda silenciar el sonido cuando salgan los anuncios.

Es mucho más fácil cambiar de hábitos cuando cuentas con el apoyo de otras personas en lugar de intentar hacer los cambios tú solo. Por ejemplo, yo le pedí a mi familia que en casa me ayudaran a mantener mi entorno libre de anuncios de los que salen por la tele. Y además de pedir ayuda a tus familiares, a tus amigos y a tus colegas de trabajo puedes participar en un grupo de terapia, como el de los doce pasos, o bien hacer una terapia individual. Cuando hayas instituido nuevos hábitos en tu vida, te convertirás en un ejemplo viviente para las PAS y para las que no lo son, y motivarás a los demás a buscar la paz interior.

Vas a tener que recurrir a tu fuerza de voluntad para cambiar de costumbres. Haz una lista de todo aquello que te está causando dolor y, mientras leas este libro, recurre a tu fuerza de voluntad para tomar nota de los nuevos métodos con que vas a enfocar estos ámbitos. Empezarás a saborear las pequeñas victorias a medida que cambies de hábitos, y la fuerza de tu poder será aún mayor. También puedes lograr que aumente tu fuerza interior con visualizaciones y afirmaciones. Hazte el propósito de abandonar todo entorno en el que ya no puedas ser feliz.

Ahora bien, como tu entorno puede ser más fuerte que tu fuerza de voluntad, tendrás que alejarte de situaciones que refuercen tus hábitos negativos y tu poca autoestima. Tu casa y tu entorno de trabajo son los factores más importantes que determinarán que seas capaz de crearte una vida tranquila. Por eso es imperativo que te busques una atmósfera laboral y doméstica armoniosas. Si sabes que un determinado entorno te genera ansiedad, intenta cambiar esa situación poco saludable para ti y sobresaturada de estímulos o aléjate de esa fuente de tensión.

Me he dado cuenta de que, en general, se puede substituir un mal hábito por uno bueno al cabo de seis meses. Una PAS, Felicia, me dijo un día que, tras meditar durante varios meses, incorporó esa práctica a su vida de manera cotidiana, como cepillarse los dientes al levantarse. Felicia me contó que si no puede meditar por la mañana, no se siente centrada hasta haber pasado al menos diez minutos en un estado de relajación profunda. Felicia se dio cuenta también de que, cuando estaba en calma, las pequeñas molestias del día a día perdían su importancia. Cuanto más te centres en buscar la paz mental, menos falta te hará cantarles las cuarenta a los demás.

Finalmente, tienes que procurarte nuevas actividades que te satisfagan y te nutran para poder reemplazar las viejas costumbres. Por ejemplo, cuando me decidí a apagar la televisión fue cuando empecé a disfrutar de verdad de lecturas inspiradoras, a escribir historias y a escuchar música reconfortante. Cuando pienso en los miles de horas que desperdicié viendo programas tontos y demasiado estimulantes me pongo triste, porque lo único que hice fue lograr que aumentaran la tensión y la angustia que había en mi vida. Sin embargo, también me doy cuenta de que lo hice lo mejor que supe, porque en esa época no conocía otra cosa. Para ti esta también es una época de nuevos comienzos, y no tienes que andar repitiendo antiguos hábitos que ya no te sirven en el momento en que adquieres un mayor conocimiento y una mayor comprensión de ti mismo (Hay 1987).

Cómo cambiar de hábitos

- Explora tu sistema de creencias y sé consciente de si un hábito te genera dolor.

- Sé amable contigo mismo mientras vas cambiando lentamente de hábitos.

- Intenta ser siempre consciente de tu nuevo objetivo: aportar paz interior a tu vida.

- Implica a tu familia, a tus amigos, a tus colegas de trabajo y a tus vecinos para que te den su apoyo; quizá te vaya bien apuntarte a unas sesiones de terapia o hacer una terapia en grupo.

- Apártate de los entornos que refuerzan tus malos hábitos.

- Date cuenta de que al cabo de seis meses puedes substituir un mal hábito por otro positivo si practicas a diario.

- Procúrate actividades nuevas, satisfactorias, que te enriquezcan hasta el punto de que te permitan substituir los malos hábitos por ellas.

■ Usa tu fuerza de voluntad y desarrolla un programa estructurado que te ayude a realizar cambios en tu estilo de vida que sean positivos.

Cómo emplear este libro

El objetivo de este libro es ayudar a las PAS a adoptar estrategias de superación que les permitan vivir con tranquilidad y en paz en este mundo actual, sobresaturado de estímulos. Recibirás muchos consejos sobre cómo llevar una vida armoniosa y funcionar en un nivel óptimo. Sin embargo, no te presiones pensando que tienes que integrar centenares de consejos en tu vida. Aunque elijas seguir tan solo un par de ellos, ya te valen para convertirte en una persona más feliz.

A medida que leas este libro, te irá muy bien tomar notas sobre los métodos que quieres incorporar a tu vida. Quizá quieras seguir un diario para no olvidarte de los consejos más importantes. Al final de cada capítulo, haz una lista de las técnicas que quieres poner en práctica y anótalas en tu agenda. Empieza disfrutando de las nuevas estrategias de superación y ponlas en práctica esta misma semana.

La clave para que una PAS pueda llevar una vida feliz es planear de antemano. Es muy importante hacer los preparativos necesarios para limitar los estímulos antes de que se presenten. Como, por ejemplo, llevar encima tapones para los oídos o cascos por si entras en un entorno ruidoso. Tienes que permanecer en actitud vigilante para no verte barrido por un mar de estímulos sociales asfixiantes. Y finalmente, y aunque te parezca raro, es posible que llegues a desear los estímulos negativos cuando estás desequilibrado. A medida que vayas leyendo el libro, no dejes de contemplar tu interior para determinar si tu conducta está creando armonía o tensión en tu vida.

Bienvenido al viaje interior que representa explorar tu psique y tus emociones mientras vas aprendiendo nuevos y excitantes métodos que aporten más paz interior y alegría a tu vida.

2

Prepárate para la sobresaturación de estímulos en tu vida cotidiana

No hace mucho paré en un semáforo y me fijé en que en el coche de al lado iba una mujer joven, aparentemente, muy nerviosa. Mientras en la radio sonaba música rap a todo volumen, hablaba por teléfono chillando y fumaba un cigarrillo. Tiró la colilla por la ventanilla y bebió un sorbo de café de una taza enorme. Cuando cambió el semáforo, dejó a un lado la taza y pisó con fuerza el acelerador sin dejar de chillar por el móvil. El coche que iba delante circulaba demasiado despacio para su temperamento, y la mujer empezó a tocar la bocina de manera frenética.

Como PAS que soy, la sola contemplación de todos esos estímulos parado en el semáforo me angustió tanto que los músculos de todo mi cuerpo entraron en tensión y mi mano se agarró con fuerza al volante. Como ya mencioné en el primer capítulo, vivimos en un mundo en que todo se mueve muy rápido, sobresaturado de estímulos, que representa todo un reto para las Personas Altamente Sensibles. Como se desprende de esta historia, a las Personas Altamente Sensibles nos cuesta vernos expuestas a tantos estímulos. En este capítulo vas a aprender muchas técnicas para mantener la calma en situaciones sobresaturadas de estímulos.

Cuando doy clases para paliar el estrés pregunto a mis alumnos cuál creen que es la manera más común que tiene la gente para tratar el estrés. Y algunas de las respuestas que me dan son las siguientes: consumir alcohol, tomar medicación, ir de compras, ver la televisión, trabajar, navegar por Internet y dormir. En raras ocasiones me encuentro con alguien que dé con la respuesta correcta, que es la negación. A quienes no son PAS puede resultarles peligroso negar los efectos perniciosos del estrés y la sobresaturación de estímulos, pero para una PES puede ser catastrófico.

Recuerdo que un día hacia cola en unos grandes almacenes para recoger unas tarjetas de visita. Había un solo dependiente detrás del mostrador, y el teléfono no paraba de sonar mientras la cola iba en aumento. Un cliente encolerizado empezó a exigirle que le entregara sus tarjetas, porque tenían que estar hechas ese mismo día. El dependiente, exhausto, se puso rojo como un tomate y habló con la voz temblándole de rabia y cólera. Cuando llegué al mostrador intenté que se calmara diciéndole que debía de ser difícil trabajar solo en un entorno tan estresante. Pero él, con un tono enojado, me respondió secamente diciéndome que la presión no le importaba. Sin embargo, nuestra conducta, cuando se funciona con tantas prisas, puede llegar a crearnos problemas emocionales y físicos en esta sociedad tan frenética y que va a un ritmo tan rápido.

La sociedad de tipo A

Los doctores Friedman y Rosenman escribieron en su conocido libro *Type A Behavior and Your Heart* que los valores de nuestra sociedad animan a que adoptemos una conducta del tipo A (1974). Según Friedman y Rosenman, «la conducta del tipo A tiene tres componentes principales: la sensación de que el tiempo apremia, la excesiva competitividad y una franca hostilidad». Por el contrario, la personalidad del tipo B se caracteriza por los rasgos siguientes: una sensación relativamente menor de que el tiempo apremia, una falta de competitividad y, además, falta de agresividad.

La conducta del tipo A está muy extendida en Estados Unidos y en los países industrializados. Un gran número de estudios realizados desde hace treinta años resaltan el hecho de que la mayoría de participantes correspondía al tipo A, mientras que solo una pequeña minoría mostraba características del tipo B (Zeff 1981). Según Ethel Roskies, conocida investigadora de estudios sobre la intervención del tipo A, las características que definen al tipo A de ambición, de estar orientado a objetivos y de verse apremiado por el tiempo son todas ellas características que fomenta la sociedad estadounidense.

Una Persona Altamente Sensible puede pertenecer tanto al tipo A como al tipo B, pero lo que sí es cierto es que una PAS se ve muy influida por la cultura del tipo A. La PAS puede verse fácilmente agobiada, y en general su rendimiento es peor si se ve presionada por el tiempo, la competitividad y las conductas agresivas. Dado que a la PAS suele influirle el estado de ánimo de los demás, es posible que tienda a interiorizar los usos y costumbres de la cultura del tipo A.

Incluso las personas que no son altamente sensibles pueden verse afectadas negativamente por la presión que nos marca el tiempo y que es endémica a todos los lugares de trabajo. Según el doctor Rosenman, si una persona del tipo A hace bien una tarea, lo consigue a pesar de comportarse como una persona del tipo A, no a causa de eso. Un dato muy curioso lo aportó D. C. Glass cuando afirmó en el *Journal of Applied Social Psychology* (1974) que los sujetos del tipo A tenían menos éxito que los del tipo B realizando tareas relacionadas con el entorno laboral.

La necesidad de distanciarse

Como PAS, necesitarás recurrir a ejercicios de modificación de la conducta muy específicos para distanciarte de un entorno del tipo A. Técnicas como la meditación y la respiración profunda te ayudarán a desconectar de este mundo en el que vivimos a un ritmo tan rápido. Por desgracia, la mayoría de personas no quieren modificar su estilo de vida, aunque ello les provoque tensión y ansiedad. Sin embargo, fue uno de los escasos grupos de personas del tipo A que siempre estaba intentando cambiar el que terminó sufriendo más ataques de corazón. Cuando los médicos informaron a los pacientes de que si no hacían cambios inmediatamente en su estilo de vida morirían, esos mismos pacientes que habían tenido una enfermedad coronaria participaron en un programa de modificación de conducta para el tipo A. ¡Ahora sí que encontraban una motivación para el cambio! De la misma manera, las PAS deberían actuar como si su vida dependiera de modificar las creencias del tipo A. Si no pones en práctica un cambio de vida, tu salud física y emocional resultará perjudicada.

Reaccionar a los cambios

Es importante que las PAS se den cuenta de que, aunque no pueden controlar un entorno del tipo A, sí tienen el poder de controlar su manera de reaccionar. En este capítulo aprenderás diversas técnicas, como la meditación y seguir una rutina diaria, que te ayudarán a superar situaciones que te parecen insostenibles. Siempre puedes tomarte un descanso para meditar durante el día y hacer respiraciones abdominales. Las investigaciones demuestran que las personas que meditan sienten mucho menos estrés que las que no lo hacen. En mis estudios sobre la personalidad del tipo A he observado que las personas que meditan tienen un ritmo cardíaco más lento, una menor tensión arterial y un nivel menor de ansiedad a niveles muy significativos estadísticamente, si se las compara con el grupo de control formado por personas que no meditan.

Al margen de la meditación periódica, es necesario practicar técnicas específicas para disminuir la sensación de que el tiempo apremia en las conductas del tipo A. Además de las técnicas que ofrece este libro, quizá quieras probar con alguna terapia individual o de grupo, asistiendo a alguna sesión para controlar las conductas de tipo A (a la que suelen asistir los pacientes que sufren enfermedades coronarias de los hospitales) o apuntándote a una clase para limitar el estrés. Una de las ventajas de que gozan las PAS por ser concienzudas es la capacidad que tienen de seguir integrando nuevas técnicas a su vida para dosificar los estímulos. Practicando con regularidad ejercicios para controlar el estrés, llevarás una vida más sana y feliz.

La actitud lo es todo

Antes de empezar a aprender técnicas que te ayuden a superar más efectivamente los desafíos que te ofrece este mundo de tipo A, veamos cómo influye tu actitud en tu sensación de bienestar. El deseo de las PAS de ser concienzudas y no cometer errores puede genera estrés. En mi caso, cuando el doctor Ray Rosenman me enseñaba a diferenciar entre los distintos tipos de personalidad, recuerdo que una vez escuché una grabación de un hombre que se ajustaba al tipo A y trabajaba en una oficina de correos desempeñando tareas relativamente simples. Cuando le pregunté si notaba mucha presión en el trabajo, me contestó que «sin duda alguna» con una actitud muy tensa. Su empleo consistía en colocar cartas en distintos cajetines en función de su código postal. Ese hombre se sentía fatal ante la idea de equivocarse de cajetín al colocar las cartas. En esa grabación noté que, mientras iba hablando y describiendo sus responsabilidades laborales, se iba poniendo cada vez más nervioso.

En otra ocasión escuché la grabación de un hombre que era director general de una corporación multimillonaria. Con calma declaraba que su trabajo no era estresante porque cada mañana se organizaba la agenda, se dedicaba solo a las actividades que era capaz de terminar y delegaba en sus subordinados el resto de tareas. Si no podía terminar un proyecto, no se preocupaba. A pesar de que existen trabajos que generan tensión, la actitud que tengamos ante un empleo determinado es el factor principal que determinará nuestro nivel de estrés.

Estos ejemplos ilustran que es importante que desarrollemos una actitud positiva de aceptación en lugar de preocuparnos por si hemos terminado una tarea adecuadamente. Una estudiante que es una PAS me dijo un día que se ponía muy nerviosa cuando sentía que podía equivocarse en el trabajo. Vivía angustiada pensando en los posibles errores que habría cometido. Tras trabajar con ella durante varios meses, la muchacha empezó a cambiar poco a poco de actitud. Comprendió que tenía que hacer las cosas lo mejor que pudiera y podía intentar librarse de la necesidad que sentía de terminar cada tarea a la perfección. En los capítulos siguientes aprenderás técnicas que te ayudarán a alcanzar este nivel de paz.

¡Espero que no te desmoralices cuando veas que nuestro mundo está sobresaturado de estímulos! Respira hondo y date cuenta de que estás aprendiendo nuevas técnicas de superación para poder gestionar mejor tu comportamiento en esta sociedad de tipo A.

Créate una rutina por la mañana

Aunque no puedes vivir al margen de los sobresaltos de este mundo, sí puedes crearte un entorno que minimice los estímulos. Embarca en el barco de la tranquilidad y no te zarandearán las olas de la estimulación.

Uno de los pasos más importantes para que las PAS limiten los estímulos es crearse una rutina mañanera. Esta estructura va a marcar el tono del día; en cuanto a la rutina vespertina, influirá mucho en la calidad de tu sueño. Si te levantas tarde por la mañana, desayunas una taza de café a toda prisa y sales corriendo para ir a trabajar, vas a pasar todo el día en tensión. Sin embargo, si te despiertas tan solo veinte minutos antes de lo habitual y realizas actividades que te centren, podrás empezar el día en un estado de serenidad y paz. De este modo te preparas para gestionar bien los estímulos que puedan presentarse a lo largo del día.

Haz ejercicio físico

Va muy bien hacer estiramientos, posturas de yoga o unos cuantos ejercicios de calistenia al despertarte. Hacer un poco de actividad física al levantarte tiene un efecto energizante en el cuerpo. Quizá puedas empezar tus ejercicios matutinos con unas posturas de yoga. El yoga te conduce a un estado natural de tranquilidad y puede mejorar el metabolismo endocrino, que reduce el estrés y los trastornos relacionados con el estrés (Lad 1984). Al principio quizá será mejor que vayas a una clase de hatha yoga para aprender bien la técnica. El hatha yoga no es tan solo un ejercicio físico; el propósito del hatha yoga es calmar el cuerpo y la mente para prepararte a la meditación. Cuando aprendas yoga, sé benevolente contigo mismo y no fuerces determinadas posturas; adopta tan solo las que te resulten agradables.

Calmar la mente

Cuando tu cuerpo ya haya recibido su energía, intenta practicar al menos durante quince minutos alguna técnica de meditación. Sería conveniente que respirases lentamente con el abdomen. A continuación describo unos ejercicios muy sencillos que duran cinco minutos y que puedes hacer por la mañana o en cualquier otro momento del día.

Ejercicio de respiración profunda

Siéntate en una postura cómoda y cierra los ojos. Inhala lentamente por la nariz e hincha el abdomen mientras cuentas hasta cinco. Aguanta al llegar a cinco... y luego exhala en cinco tiempos. Siente que tu cuerpo se va relajando a cada exhalación.

Repite despacio, vuelve a respirar profundamente... y date cuenta de lo tranquilo y calmado que se siente tu cuerpo a cada exhalación. Observa los pensamientos que te vienen a la mente... y sigue respirando tranquilamente. Inhala paz y tranquilidad..., aguanta un poco... y, luego, expulsa todo el estrés.

Durante los ejercicios respiratorios puedes repetir mentalmente algún mantra, como la palabra «paz» o «tranquilidad», al inhalar y al exhalar. Descubrirás que es más cómodo inhalar durante, como mucho, unos cinco segundos. Ajusta el ritmo de tu respiración para que te resulte cómodo.

Cuando te sientas en calma, te conviene empezar con una relajación progresiva, que realizarás visualizando cómo todos los músculos de tu cuerpo se van relajando. Puedes empezar relajando el cuero cabelludo y los músculos de la cara y de la mandíbula; luego sigue relajando el resto del cuerpo, de la cabeza hasta los pies. A cada exhalación, visualiza cómo los músculos se distienden. Si te cuesta concentrarte con estas técnicas, escuchar algún CD de relajación es una manera excelente de empezar el día. Te irá bien escuchar, si quieres, mi CD de relajación (www.hspsurvival.com), o el que tú prefieras; también puedes recurrir a alguna grabación que hayas hecho tú aplicando estas técnicas.

Como a las PAS les influye mucho el estado de ánimo de los demás, es importante que practiquen alguna técnica de enraizamiento. La siguiente visualización es excelente para centrarte, tanto si la practicas por la mañana como si lo haces en cualquier otro momento del día, sobre todo cuando las personas que te rodean te influyen negativamente.

Una meditación para centrarte

Cuando lleves unos cuantos minutos respirando lentamente, imagínate que tu columna vertebral está atada desde su base a una cuerda suave y flexible de color verde... Observa la cuerda... Esta cuerda se va moviendo despacio hacia el suelo... Imagina que tienes dos cuerdas verdes más atadas a la suela de los zapatos... Y ahora visualiza cómo las tres cuerdas verdes se juntan en la superficie de la Tierra hasta formar una larga y sólida cuerda verde...

Fíjate cómo la gravedad atrae esta larga cuerda verde hacia el centro de la Tierra... Mira cómo se desplaza y va atravesando varias capas de roca... hundiéndose más, cada vez más... Ves que la cuerda se desplaza y se mueve despacio hacia el centro de la Tierra...

Finalmente, la cuerda verde llega al mismo centro de la Tierra... Se ancla a ese centro y entonces empiezas a inhalar lentamente una energía centrada y estable que proviene del centro mismo de la Tierra... Visualiza cómo la energía asciende lentamente hacia la superficie de la Tierra a cada inhalación...

La energía va ascendiendo con fluidez hacia el nivel del suelo... Observa esta energía elemental llegando a la superficie de la Tierra. Esta poderosa energía sigue ascendiendo hasta meterse en la suela de tus zapatos, y luego sube por tus piernas... Te sientes fuerte y estable, como una roca...

Ahora siente que la energía de la Tierra entra en la base de tu columna vertebral... Esa energía serena y arraigada es tan reparadora... Siente que la energía de la Tierra va ascendiendo por tu columna vertebral desde la zona lumbar..., llega a la parte central de la espalda..., alcanza la parte superior..., el cuello..., y luego sigue ascendiendo hasta la coronilla...

Te sientes centrado, en calma, con fuerzas, mientras esta energía básica circula por todo tu ser..., impregna cada una de las células de tu cuerpo... Respira esta energía de la Tierra durante unos momentos... Te sientes en calma, centrado y feliz... Te sientes en calma, centrado y feliz... Te sientes en calma, centrado y feliz...

Esta meditación de enraizamiento es un método excelente para usar antes de gestionar situaciones difíciles. Ponte esta meditación grabada hasta que puedas hacerla de memoria.

Otro método para protegerte de la energía negativa es visualizar que una luz blanca nos rodea. Es una técnica muy eficaz para utilizar antes de entrar en una habitación donde hay un grupo numeroso de personas.

La meditación de la luz blanca

Cuando lleves unos minutos respirando lentamente, visualiza una luz blanca y cristalina que rodea tu cuerpo... Fíjate en esa luz brillante que envuelve cada centímetro de tu piel... Observa claramente que tiene forma de un escudo muy fuerte...

Imagina que las energías negativas rebotan en él, en esta ar-madura impenetrable, y regresan a su fuente... Tú estás a sal-vo y protegido... Tú estás a salvo y protegido... Tú estás a salvo y protegido...

Muchos alumnos me han dicho que, cuando practican la meditación de la luz blanca antes de afrontar una situación estimulante, son capaces de permanecer en calma. Intenta acordarte de hacer esta breve meditación, porque te proporcionará muchísima paz interior.

La mente inquieta

Cuando hagas estos ejercicios de meditación, no te preocupes si durante alguna de las sesiones te pierdes en tus pensamientos. Es natural que ciertos pensamientos en apariencia azarosos te asalten una y otra vez. Para ayudarte a superar este constante fluir de distracciones puedes recurrir a la técnica budista de contemplar tus propios pensamientos. Cuando un pensamiento te distrae y se pone a revolotear por tu mente, reconoce lo que está sucediendo y deja que pase de largo. Intenta evitar involucrarte con él; observa tan solo que la mente está pensando, y luego suelta ese pensamiento y vuelve a fijarte en la respiración.

Está bien que observes cada pensamiento que surge. Cada uno es tan solo un autocar que lleva un letrero con una dirección determinada. Tan pronto como seas consciente de que te viene a la cabeza un pensamiento, pregúntate si quieres ir a dónde te va a llevar. ¿Quieres ir a Rabia de Arriba y empezar a darle vueltas a una experiencia reciente que te ha hecho daño? ¿Quieres tomar el autocar que va a Ciudad de la Angustia y preocuparte porque no puedes pagar las facturas? Pues no. Haz todo lo contrario. ¿No es mejor viajar en el autocar que te lleve a Alegría de la Huerta, volver a fijarte en tu respiración y relajar los músculos? Tú eres capaz de decidir si quieres viajar de pasajero en uno de estos autocares del estrés que circulan por tu mente. Tienes la capacidad de elegir apearte en cualquier momento de cualquier viaje mental negativo que hayas emprendido.

No utilices la excusa de que, como te has pasado casi toda la meditación sumido en tus pensamientos, ahora estás estresado. Yo medito a diario desde hace unos veinte años, y sigo perdiéndome en un millón de pensamientos. Durante mis meditaciones diarias doy un repaso a las grandes verdades de la vida, como, por ejemplo: «¿Es mejor que tome cereales con leche caliente para desayunar o que me prepare unos huevos? Si me tomo los huevos, ingiero más proteína, pero los huevos provocan colesterol… y, además, luego voy a tener que pasar un buen rato frotando la sartén… ¡Ay, si ayer hubiera repostado en esa gasolinera más barata! Me hubiera ahorrado diez céntimos por galón… Y diez galones suman un dólar, y entonces me habría ahorrado cincuenta y dos dólares al año… Vaya, ya ha pasado media hora… Ah, sí, que no me olvide del mantra: paz, paz, paz».

La buena noticia es que, aunque parezca que durante la meditación tu mente ha ido brincando como un mono que salta de rama en rama, probablemente saques provecho de todo ello. Los efectos psicológicos positivos de la meditación han sido corroborados por muchos estudios científicos (Wallace 1970). Un estudiante me dijo un día que se había dado cuenta de que se había pasado toda la meditación descentrado, pero luego, al atender una llamada telefónica, su interlocutor le había preguntado si no le habría pillado meditando, porque su voz sonaba muy calmada.

A medida que vayas practicando técnicas de relajación, empezarán a manifestarse en tu vida experiencias profundas de paz interior. Y, al margen de conseguir tener la mente tranquila, meditar te ayudará a mantener el cuerpo sano (Zeff 1981).

Así como la meditación o la relajación progresiva es una manera excelente de centrarte por las mañanas, es importante hacer cualquier clase de ejercicio de relajación que alimente el alma. Descubrirás que rezar, escribir o reflexionar sobre ti mismo ejerce un efecto calmante sobre tu sistema nervioso. Algunas PAS prefieren empezar el día leyendo un libro inspiracional que les eleve el ánimo.

Después de la relajación matutina, es importante que desayunes bien y con calma y que tengas tiempo de sobra para ir a trabajar. Va muy bien levantarse siempre a la misma hora, incluso los fines de semana, para que el domingo por la noche tengas sueño y tus biorritmos nocturnos sean siempre los mismos.

Créate una rutina nocturna

A pesar de que es esencial que las PAS sigan una rutina matutina, la rutina vespertina es otro componente esencial que les ayudará a estar más tranquilas. La calidad del sueño está muy influida por la rutina vespertina; por eso es importante dedicarse a actividades relajantes durante la noche. Estas actividades nocturnas deberían consistir en tareas calmantes como leer libros que te eleven el ánimo, escribir, tomar un baño o entablar alguna conversación amena. Unos treinta minutos antes de acostarte, deja de pensar en lo que te ha pasado durante el día y céntrate en ti mismo. Este es un buen momento también para meditar o escuchar una cinta relajante. Si practicas la relajación progresiva serás capaz de liberarte de todo el estrés que hayas acumulado durante la jornada. Para experimentar los estadios tres y cuatro del sueño profundo (el nivel en el que el sistema inmune se activa), va muy bien practicar la meditación y hacer ejercicios de relajación durante el día y, sobre todo, de noche; si no, las hormonas del estrés que se liberan durante la actividad diaria pueden seguir actuando mientras duermes (Jacobs 1998).

Si pasas la noche viendo programas por la tele que te excitan, leyendo novelas de misterio o embarcándote en discusiones acaloradas, te costará más disfrutar de una noche de descanso. Si hay un programa de televisión que realmente quieres ver, y sabes que te pone nervioso, siempre puedes grabarlo y verlo unas horas antes, u otro día. Es importante reservarse las conversaciones importantes o agobiantes para la mañana.

Victor, una PAS padre de un hijo adolescente, me confió que había aprendido que tenía que estar en silencio al acabar el día si no quería que tanto estímulo le impidiera dormir. Me contó que su hijo Chris, una noche entre semana, le tomó prestado el coche y que, aunque debía regresar a las diez de la noche obligatoriamente, no volvió hasta pasada la medianoche. Cuando el adolescente entró en casa, Victor soltó toda la rabia que había estado acumulando: le exigió que le devolviera las llaves del vehículo y le dijo que ya hablarían de cuándo volvería a disponer de él en el futuro. Chris respondió atinadamente que más les convendría discutir de ese tema por la mañana, cuando los dos estuvieran más calmados. Sin embargo, Victor insistió en alargar esa acalorada discusión y, claro está, le subió la presión y el ritmo cardíaco y pasó la noche en vela.

Paradójicamente, cuando una PAS se siente desequilibrada, a veces desea participar en actividades que todavía la descentran más. Cuando uno interioriza el estilo de vida del tipo A, puede terminar disfrutando de programas de televisión nocturnos que excitan los sentidos o participando en discusiones intensas a altas horas de la noche, sin importarle cómo va a afectarle todo eso al descanso nocturno. Ahora bien, cuando uno empieza a meditar y a vivir una vida más contemplativa, instintivamente empieza a desear centrarse en actividades más tranquilas.

A las PAS les afecta mucho ver o leer noticias violentas en los medios de comunicación. Ver programas violentos y que excitan los sentidos, en realidad, contribuye a neutralizar el sistema inmunológico. Cuanto más te identificas con la rabia que ves plasmada en la pantalla o que lees en el periódico, se liberan unos componentes químicos del estrés llamados catecolamina y cortisona que pueden perjudicar tu sistema inmunitario. El efecto que tiene la exposición a la rabia y al amor en el sistema inmunológico se demostró en una investigación llevada a cabo en Harvard por el científico David Mclelland y que luego repitió el Heart Math Institute de California (Bhat 1995). Ver una película que despierta la rabia perjudicaba el sistema inmunológico (lo que se determina midiendo los componentes químicos de la saliva), durante unas cinco o seis horas, de los individuos sujetos a estudio. Sin embargo, ver una película sobre el trabajo compasivo de la Madre Teresa provocaba un aumento del nivel del sistema inmunológico en los participantes.

Como hemos estado exponiendo nuestros sentidos a diversos estímulos durante todo el día, es importante que de noche intentemos pasar un rato en un entorno tranquilo y con una iluminación tenue. Cuando quieras desconectar del mundo y se haya hecho ya de noche, medita o lee con unos tapones en los oídos o con un casco, y procura hacerlo en un espacio silencioso. Es importante desconectar todos los dispositivos electrónicos; en especial el teléfono inteligente, la tableta y el ordenador. No importa que hayas tenido un día estresante; si te creas un entorno libre de estímulos por la noche, serás capaz de entrar en un estado de tranquilidad.

En el capítulo 5 descubrirás muchos consejos que te ayudarán a programar una rutina nocturna que te servirá para mejorar la calidad de tu sueño y el grado de paz que tengas cada día.

Créate una rutina diaria

- Tu rutina matutina establecerá el tono del día, mientras que tu rutina nocturna influirá en la calidad del sueño.

- Despiértate de quince a veinte minutos antes de lo habitual para empezar con tu rutina matutina.

- Empieza el día con estiramientos agradables, posturas de yoga o ejercicios ligeros de calistenia.

- Dedica al menos quince minutos por la mañana a centrarte a través de la meditación o la relajación progresiva o escuchando una cinta de meditación.

- Toma un desayuno nutritivo, y come despacio.

- Ve con tiempo al trabajo.

- Tus actividades nocturnas deberían consistir en tareas relajantes como leer libros que te eleven el ánimo, escribir, meditar, tomar un baño o conversar tranquilamente.

- Intenta no ver programas de televisión que sean violentos o que exciten demasiado tus sentidos por la noche.

- Treinta minutos antes de acostarte, desconéctate del día y refúgiate en tu interior con ayuda de la meditación, alguna cinta de relajación o cualquier otra cosa que te ayude a realizar la transición que necesitas para tener un sueño reparador.

3

Serena tus sentidos y gestiona la presión de los horarios

En el último capítulo hablamos de estrategias para superar la presión que ejerce esta sociedad del tipo A. En este capítulo hablaremos de técnicas específicas para calmar los sentidos y gestionar el apremio del tiempo. Para sobrevivir en este mundo tan sobresaturado de estímulos tenemos que aplicar con diligencia diversas técnicas que calmen los cinco sentidos: el oído, el tacto, la vista, el sabor y el olfato. No podemos vivir libres de estímulos, pero podemos emplear herramientas específicas para reducir la sobrecarga de estímulos que ataca a cada uno de nuestros sentidos.

Calmar los sentidos

Hemos criado a toda una generación haciéndola adicta a la sobreestimulación de los órganos sensoriales. Un ejemplo de esta sobresaturación de nuestra era electrónica, y que va en aumento, es que existen algunos parques temáticos que ya están diseñando actividades con una gran carga sensorial. Hay cines 4-D que ofrecen una experiencia visual trepidante, con asientos que se balancean y encabritan e incluso con aromas raros que se liberan en el medio ambiente. Es posible que exista una correlación entre esta estimulación creciente y el gran número de niños a los que se diagnostica un trastorno de hiperactividad. Por desgracia, la nueva panacea para los niños hiperactivos es medicarlos con sustancias muy fuertes que pueden llegar a provocarles múltiples efectos secundarios. Sin embargo, si estos mismos niños vivieran en un entorno natural, sin tantos aparatos electrónicos, muchos de estos hiperactivos (por llamarlos de algún modo) no necesitarían medicarse (DeGrandpre 1999).

El oído

El oído quizá sea el sentido que crea más desafíos a las PAS. Cuando ves algo que representa un estímulo negativo, siempre puedes cerrar los ojos. Sin embargo, cuesta mucho más aislarse de los sonidos nocivos. Con la aparición de los móviles, que ahora vemos por todas partes y nunca dejan de sonar, la música que suena muy alta en todas partes desde unos potentes altavoces y los toques de bocina con que nos obsequian los conductores enfadados, una persona sensible puede verse atrapada en una cacofonía de clamores. El efecto acumulativo de estos sonidos tan irritantes puede llegar a provocarle un trastorno grave de ansiedad a una PAS.

Para disimular los sonidos discordantes de la moderna vida urbana, conviene que pongas música suave de fondo en casa y en el trabajo. Escucha la música que más te relaje, del estilo que más te guste, desde la música clásica hastta el jazz. Si no te gusta oír música suave de fondo, quizá puedas comprar una máquina de ruidos blancos, que te ayudará a ahogar los ruidos que sobresaltan emitiendo un sonido regular y calmante. El zumbido relajante de un ventilador, del aire acondicionado o de un purificador de ambiente también enmascaran los ruidos estridentes y erráticos. Un purificador de ambiente puede relajar tu sistema nervioso mientras limpia la contaminación ambiental de un espacio cerrado.

Cuando te alojes en un motel o en un hotel puedes hacer que disminuya el ruido molesto de la ciudad encendiendo el aire acondicionado o el ventilador. También puedes llevar contigo una máquina portátil de ruido blanco cuando salgas de viaje y no sepas si habrá ventilador o aire acondicionado allí donde vayas. Consulta el capítulo 5 si deseas más información para eliminar los ruidos y conseguir dormir mejor por la noche.

También puedes escuchar un CD de relajación o visualización guiada, que resulta muy eficaz para calmar los nervios. En muchas librerías se venden CD de relajación, o también puedes entrar en www.hspsurvival.com si deseas más información. Es muy útil llevar los cascos puestos cuando te aventures en el ruidoso mundo en que vivimos. Te irá bien contar con una buena provisión de CD relajantes que contengan alguna guía de relajación, música clásica o sonidos que eleven el ánimo. Asegúrate de llevar contigo el cargador de la batería para no quedarte desamparado en un mar de conflictos sónicos sin solución.

Otro método eficaz para reducir el ruido es ponerte unos tapones en los oídos. Para algunas PAS son incómodos, pero si toleras bien los tapones habrás dado con la mejor solución para enmascarar los ruidos irritantes. Hay personas que prefieren los tapones de cera, mientras que otras se sienten más cómodas con los de espuma. En situaciones excesivamente ruidosas te irá bien ponerte unos cascos de esos que absorben los ruidos, como los que llevan los obreros de la construcción. Estos cascos cubren toda la oreja, y algunas PAS los encuentran menos intrusivos que los tapones que hay que insertarse en la oreja. También existen cascos que eliminan el ruido y emiten el ruido de las olas para combatir el ruido ambiental. Aunque estos cascos reducen los sonidos de alta frecuencia, como el de los aviones o los frigoríficos, no parecen ser más eficaces que los tapones o los cascos absorberruidos para eliminar el ruido de las charlas.

Un audiólogo puede personalizarte un juego de tapones para los oídos. La ventaja de estos tapones personalizados es que encajan perfectamente en la oreja. Cuando tengas muchas ganas de escapar de este mundo tan sobresaturado de estímulos, sencillamente, cierra los ojos y medita con los tapones puestos, un casco normal y corriente o uno de los que absorben los ruidos. En situaciones excesivamente ruidosas incluso puedes llevar los tapones puestos mientras escuchas música con los cascos o llevas puesto un casco que absorba los ruidos.

¿Has estado alguna vez a un estudio de grabación? Cuando se cierra la puerta del estudio, no se oye ningún ruido exterior. Hay ingenieros de sonido que pueden ayudarte a insonorizar tu casa o tu despacho, y crearte un paraíso de paz y tranquilidad que causaría las delicias de todas las PAS. Te irá bien instalar unas ventanas de doble cristal o unas buenas cortinas que neutralicen el ruido exterior. Y lo que es más importante, las PAS tienen que andarse con mucho tiento si quieren procurarse un entorno laboral y doméstico silencioso. Si vives en una ciudad ruidosa, lo mejor es que tu casa o tu despacho den a un tranquilo patio interior en lugar de a una calle muy concurrida. Y cuando viajes, pide al recepcionista del hotel o del motel donde te alojes que te reserve una habitación silenciosa en el último piso y que, además, dé a la parte trasera.

No tengas reparo en recurrir a las técnicas que describimos en este apartado, como llevar unos tapones para los oídos en público o pedir una habitación de hotel que sea tranquila. Tu principal objetivo es cuidar bien de ti mismo para lograr la paz interior.

¡Con ruiditos a mí…! ¡Vamos, que ni hablar! ¡Con lo preparado que voy…!

La vista

Si las personas meditan con los ojos cerrados es para evadirse de los estímulos del mundo exterior y sumergirse en la paz que yace latente en nuestro interior. Si no paramos de recibir estímulos a través de la vista, estaremos sobrecargando directamente nuestro sistema nervioso y posiblemente generando ansiedad y tensión. En lugar de clavar la mirada en el televisor o en la pantalla del ordenador, que pueden sobrecargar tu sistema nervioso, haz una pausa y medita con los ojos cerrados. Tan solo tienes que tomarte unos minutos mientras estés en casa o en el trabajo, o incluso dentro del coche, con el coche aparcado, claro, y observar tu respiración. Estas minivacaciones pueden lograr que te sientas más en paz contigo mismo y seas más capaz de gestionar bien los estímulos.

A una PAS le resulta profundamente relajante ser capaz de mirar por la ventana y contemplar un bello paraje natural. Haz pequeñas pausas a lo largo del día para centrarte bien en el majestuoso árbol que tienes en el jardín trasero, en el césped verde intenso de la entrada o en el cielo azul cristalino que luce en lo alto. Cuando sintonices con la energía divina de la naturaleza, tu nivel de ansiedad disminuirá y tu nivel de alegría aumentará. Si tu entorno de trabajo o tu entorno doméstico están saturados de estímulos urbanos artificiales, adquiere fotografías de gran formato o pósteres de paisajes naturales. Te sentirás mucho mejor después de contemplar una fotografía de gran formato que represente una montaña o el mar. También puedes comprar un papel pintado que represente un bosque precioso que te haga sentir como si vivieras en plena naturaleza. Llena la casa y la oficina de plantas y de flores para crearte un entorno que te satisfaga y sea positivo.

Intenta pasar un rato en la naturaleza cada día, ya sea caminando o sentado en silencio. Recuerda que debes centrarte en el momento presente sin dejar de observar la magnífica disposición de unas flores exquisitas o la profusión de unas nubes en forma de algodón hilado que se reflejan en las aguas plateadas de un estanque.

Quizá no seas consciente de ello, pero ciertos colores son más relajantes que otros. Es importante que te rodees de colores tranquilizantes como el blanco, el azul, el verde y cualquier otro color contenido en una paleta suave (Lad 1984). Los colores de tu casa y de tu despacho tendrían que ser relajantes para tu sistema nervioso. Tonalidades vivas como el naranja, el amarillo y el rojo pueden ser demasiado estimulantes y lograr que los niveles de nerviosismo de las PAS aumenten. El rojo está relacionado con la rabia; por eso es común oír la expresión: «se puso rojo de la rabia».

Un día me fijé en que una de mis clientes iba hacia mi consulta en un coche rojo intenso, vestía un traje chaqueta rojo bermellón, llevaba los labios pintados de un rojo carmín y lucía una melena de un vivo color rojizo. ¡Tuve que ponerme las gafas de sol para mirarla! Mi clienta me comentó que no entendía por qué siempre estaba enfadada y se sentía presa de la inquietud. Si se hubiera mirado de cuello para abajo, habría comprendido por qué sentía tanta rabia. Cuando estás desequilibrado, te atrae todo aquello que todavía te desequilibra más; o sea que lo mejor es que te rodees de colores relajantes que aporten armonía a tu vida.

Muchas PAS son sensibles a la luz. Yo me he dado cuenta cuando doy clases de día, porque mis alumnos no paran de pedirme que baje las persianas. De hecho, la radiante luz del sol puede distraer mucho. Tampoco digo que las PAS tengan que sentarse en una sala en penumbra, pero es importante ajustar la iluminación para que no sea demasiado estimulante. Te iría bien recurrir a una iluminación de espectro total en lugar de recurrir a los fluorescentes para que disminuyan los estímulos. Una buena idea es llevar siempre un par de gafas de sol, porque te puede costar lo tuyo pasar de la luz suave de los espacios interiores a la brillante luz solar.

Es mejor que, de noche, las PAS no se expongan a una gran intensidad lumínica, porque eso no solo interfiere en la conciliación del sueño, sino que también puede ser demasiado estimulante para su sistema nervioso. Sin embargo, es muy bueno exponerse a la luz por la mañana, al levantarse, porque así los neurotransmisores cerebrales se dan cuenta de que ha empezado un nuevo día. A veces, basta con una mínima cantidad de luz que se cuele por debajo de la puerta del dormitorio cuando es de noche para que a una persona sensible le cueste conciliar el sueño. Para paliarlo, se puede colocar un felpudo en el umbral de la puerta y sellar las ranuras que pueda haber. También funciona colgar unas buenas cortinas que tamicen la luz brillante de las farolas o de la luna llena. Asimismo, puedes comprar un antifaz que filtre todo reflejo indeseable, usarlo incluso para relajarte durante el día y llevarlo puesto de noche para que te proporcione un buen descanso.

El tacto

Una de las mejores maneras de que una PAS, o incluso alguien que no lo sea, pueda aliviar la tensión es mediante un masaje suave. Sin embargo, para ciertas personas sensibles un masaje puede llegar a ser demasiado invasivo. Es crucial que te comuniques con el masajista para que convengáis la fuerza que debe emplear en ti. Como les sucede a todas las PAS, eres abierta y absorbes fácilmente la energía del otro; por eso, habla primero con el terapeuta antes de aceptar que te dé un masaje. También hay PAS que no se sienten cómodas con el contacto de un extraño. Es mejor entonces que el masaje se lo dé la pareja o un amigo íntimo.

No es necesario ir a un spa o a un centro de estética para que te den un masaje. Hay tiendas especializadas en servicios de masajistas. Tómate un descanso de unos diez minutos de vez en cuando; te lo mereces, y que te masajeen la espalda y los hombros. Si no puedes permitírtelo con frecuencia, toma unas clases con tu pareja y luego os dais masaje mutuamente. Otra opción excelente es darte tú el masaje al anochecer para liberarte del estrés del día.

El aceite templado de sésamo orgánico es el único aceite capaz de impregnar hasta siete capas de tejidos y de relajar en profundidad el sistema nervioso. El aceite de sésamo se usa muchísimo en el ayurveda, la medicina antigua que se practicaba en India. Según las técnicas ayurvédicas, las propiedades de algunos aceites pueden tener un efecto refrescante o calorífico en las personas. Dado que el aceite de sésamo es el más calorífico, no lo uses si tienes sofocones o durante un cálido día de verano. Cuando haga calor, prueba a masajearte con un aceite de coco fresquito. No compres el aceite de sésamo tostado que se usa en la cocina china si no quieres terminar oliendo a wok (eso sí que te dejaría frita…). Es mejor que compres aceite de sésamo orgánico en tu tienda habitual de alimentos orgánicos.

Calienta un poco menos de cien gramos de aceite y masajéate todo el cuerpo despacio y con suavidad, desde la cabeza hasta los pies. Deja que el aceite impregne tu piel durante unos diez minutos, y luego date una ducha. No te pongas aceite en la planta de los pies, porque podrías resbalar. Si no quieres darte un masaje completo, aplícate, sencillamente, un poco de aceite templado de sésamo en la frente y en las orejas. También puedes comprar aceite de sésamo macerado en hierbas calmantes para una relajación más profunda (para más información sobre aceites macerados consulta la página www.oilbath.com) Aplícate el aceite medicinal de sésamo en la frente y en las orejas por las noches y ya verás como la tensión se esfuma.

El agua templada es muy sanadora y nutritiva para el cuerpo. Darte un baño templado es darte un capricho de los buenos, y muy relajante además, sobre todo si le añades unas gotitas de aceite esencial de lavanda. Incorporar al baño otros aceites esenciales relajantes puede calmar muchísimo tu sistema nervioso. Meterte en una bañera de chorros de agua templada que relajen tu musculatura durante unos diez minutos es otra manera muy efectiva de calmar instantáneamente el cuerpo. Te conviene comprar una alcachofa de ducha con masaje incorporado y quedarte bajo el chorro relajante un buen rato.

Asegúrate de tener una butaca cómoda en casa y en el trabajo. En muchas tiendas encontrarás cojines de masaje que se adaptan a tu butaca. También puedes comprarte un masajeador eléctrico de mano. Muchas personas terminan con dolor de espalda porque duermen en una cama demasiado blanda o demasiado dura. Asegúrate de que tu cama se ajusta a tu constitución para que tu musculatura se relaje durante la noche.

Tocarse es muy sanador. Hay estudios que demuestran que los niños que mantienen un contacto físico con los demás son más sanos emocional y físicamente que los bebés que carecen de ese mismo contacto (Field 2000). Asegúrate de que te abracen varias veces cada día. El maestro espiritual Leo Busgalia, ya fallecido, solía decirle a su público que todos necesitamos al menos cinco abrazos al día. ¿Has cubierto ya tu cuota diaria de abrazos?

A Ammachi, una maestra espiritual de India, se la conoce como la santa que da abrazos. Ammachi viaja por todo el mundo abrazando a miles de personas cada día y, de momento, ya ha dado abrazos a unos veinte millones de personas. La gente hace cola durante horas porque el amor incondicional que se desprende de sus abrazos es muy sanador. Según Deepak Chopra, «Ammachi es la encarnación del amor puro, y su presencia sola ya sana» (Amritaswarupananda 1994). Cuando otra persona nos abraza y nos da cariño desde el amor incondicional, nuestro estado de ánimo mejora.

Sin embargo, si no te gusta que te abracen con fuerza o, simplemente, no te gusta que te abracen, déjalo correr. Las PAS se sobresaltan con facilidad; por eso tienes que decirles a tu pareja, a tus familiares y a tus amigos que no te gusta que te sorprendan con un abrazo inesperado. Un hombre altamente sensible mencionó una vez que le molestaba mucho que su mujer le sorprendiera por detrás con un abrazo mientras él estaba lavando los platos.

El olfato

Muchas PAS son sensibles a los olores. Algunos de mis alumnos me han dicho que, cuando se encuentran junto a alguien que se ha perfumado, tienen náuseas. Si eres sensible a esta clase de olores sintéticos y estás sentado en un avión o en un cine al lado de una persona que lleva perfume, lo mejor es que te cambies de asiento en el acto. Podría existir una correlación entre la sensibilidad química y las PAS.

Si reaccionas mal ante los olores, asegúrate de que tu casa está libre de olores nocivos. También es importante que no trabajes en un local en el que se cuelen olores perniciosos. Hay muchos productos naturales de limpieza a la venta en tu tienda orgánica habitual que puedes aconsejar al personal de la limpieza que trabaja en tu despacho. Comprar un purificador de ambiente puede minimizar la contaminación interior y sanear el aire. Además, puede enmascarar la presencia de ruidos chirriantes.

Con el aumento de la contaminación, mayor es el número de personas que llevan mascarilla en público para evitar inhalar olores insalubres y nocivos. Si decides llevar mascarilla, asegúrate de adquirir un modelo que sea de buena calidad. Hay muchas personas que llevan mascarilla para preservarse de la contaminación ambiental. Por ejemplo, cuando fui a México y a la India a visitar sus grandes ciudades me puse una mascarilla. La gente de allí lo vio raro, pero a mí me fue muy bien para protegerme de los olores perniciosos.

Una de las ventajas de tener un sentido del olfato tan fino es la capacidad que tienen las PAS de recurrir a él para relajar el sistema nervioso. La aromaterapia es una rama de la fitoterapia que consiste en inhalar aceites esenciales extraídos de plantas y hierbas. Existen aceites esenciales que huelen muy bien, como la lavanda o la rosa, y pueden ser muy eficaces para paliar el estrés. En muchas tiendas especializadas te indicarán la manera de emplear adecuadamente las fragancias. Sin embargo, a pesar de que la aromaterapia puede ser una manera excelente de calmar tu sistema nervioso, algunas PAS presentan una reacción adversa. Antes de ir a comprar un frasco de popurrí de flores aromáticas y aceites esenciales, pruébalos antes y huele bien los aceites para saber si esa terapia es la más adecuada para ti.

Si toleras bien los aromas, usa lavanda, jazmín y rosa, que son capaces de cambiar las ondas cerebrales y generar calma y relajación. Hay empresas que recurren a la aromaterapia porque los cuadros directivos han descubierto que las fragancias relajantes ayudan a sus empleados a trabajar con mayor eficacia durante todo el día (Worwood 1997). También puedes quemar incienso de sándalo o de rosa, porque tiene un efecto relajante sobre tu sistema nervioso. Incluso podrías considerar comprarte una almohada con relleno de hierbas calmantes, que favorecen la relajación si las inhalas durante el sueño (www.sonomalavender.com).

Asegúrate de que el aire circule bien en casa y también en el trabajo. Comprueba de vez en cuando los filtros de aire acondicionado, de la calefacción y de los purificadores de ambiente. Si vives en una calle silenciosa, abre las ventanas para que no huela a cerrado.

Comer y beber

Algunas PAS son sensibles a las bebidas y a los alimentos calientes o fríos. En general, es mejor consumir bebidas y comidas templadas en lugar de tomarlas demasiado calientes. Según las técnicas sanadoras ayurvédicas, ingerir alimentos templados puede calmar tu sistema nervioso (Lad 1984). Tengo una alumna que sufrió de ansiedad durante varios años. Me contó que era crudívora, y que mientras seguía esa dieta se sentía más ansiosa. Nos dedicamos a analizar su caso, y descubrimos que existía una correlación entre la ansiedad y la dieta crudívora basada en alimentos fríos. Unos meses después, esa misma alumna me contó que su nivel de ansiedad había disminuido drásticamente cuando empezó a ingerir alimentos templados y cocinados.

Otro de mis alumnos, que es una PAS también, me contó que cuando en invierno tomaba fruta para desayunar se ponía muy nervioso. Cambió sus hábitos y tomó cereales con leche caliente, y entonces se sintió más tranquilo y enraizado. Conviene prescindir del agua helada, porque el frío trastorna el sistema nervioso y hace disminuir el fuego del aparato digestivo. Cuando vayas a comer a un restaurante, pide agua sin cubitos. Beber agua helada un frío día de invierno puede hacer que aumente tu ansiedad y tu nerviosismo.

Sin embargo, en verano, si tienes calor y quieres refrescarte, te conviene beber agua fría, siempre y cuando no te produzca una reacción adversa (como, por ejemplo, dolor de cabeza). Otra opción para refrescarte es beber agua con un chorrito de zumo de lima. Es posible también que te cueste tomar alimentos congelados, como el helado. Los postres fríos y helados a veces provocan dolor de cabeza a las personas sensibles; por eso es mejor dejar que esa delicia helada se funda lentamente en la boca.

Beber leche templada relaja mucho. Es importante beber una gran cantidad de agua mineral a diario para liberar el cuerpo de toxinas. Tomarte una taza de una infusión relajante, como por ejemplo manzanilla, puede calmar el sistema nervioso. Intenta comprar manzanilla fresca en una herboristería, infusiona las hierbas en agua hirviendo durante cinco minutos y luego cuélalas. Tomada de esta manera, la libación medicinal es más potente que si la preparamos con una bolsita de papel. Minimizar el uso de bebidas que contengan cafeína como el café, el té negro y los refrescos puede limitar tu ansiedad. Tengo varios alumnos que me han contado que les ha ido muy bien reducir la ingesta de café gradualmente. Mi consejo es que cada día añadas un poco más de leche, o de leche de soja, en el café, y que al cabo de un mes tu café con leche tenga solo un 25% de café y un 75% de leche. Disminuir el consumo de cafeína puede contribuir a que te sientas más tranquilo durante el día.

A pesar de que a ciertas personas les relaja tomar bebidas alcohólicas, hay individuos altamente sensibles que sufren una reacción adversa si se toman una sola copa de alcohol. Aunque creas que por tomar una copa de vino para cenar no pasa nada, es importante que conozcas cómo reacciona tu cuerpo al alcohol antes de seguir el ejemplo de los demás.

Lo bueno es que la sensibilidad de tu paladar te garantiza una gran capacidad para disfrutar de las comidas. Otra ventaja de ser una PAS es que esas papilas gustativas tan sensibles que tienes te ayudan a saber antes que los demás si un alimento está rancio, con lo que raras veces puedes llegar a intoxicarte. Conocí a una PAS que tenía un gusto tan desarrollado que terminó trabajando de catavinos. Quién sabe…, ¡quizá podrías trabajar catando chocolates! Para muchos, tener un empleo de esta clase es una de las ventajas de gozar de unas papilas gustativas muy sensibles.

Concédete un minirretiro un par de veces a la semana

Como eres sensible a los estímulos y te agobias con facilidad, es importante que te des un respiro concediéndote un minirretiro al menos un par de veces a la semana. Uno de tus derechos fundamentales es experimentar la paz interior y la alegría. Asegúrate de dedicarte un tiempo especialmente a relajarte. Resérvate unas horas para ti un día a la semana, y unas cuantas horas más durante el fin de semana. Al principio te parecerá un lujo pasar cuatro horas a la semana tranquilizando tu sistema nervioso, pero en mi opinión eso es absolutamente necesario para las Personas Altamente Sensibles. Si necesitaras someterte a un tratamiento médico específico, como por ejemplo una diálisis, ¿verdad que no te lo pensarías dos veces antes de ir al médico para conservar la salud? Del mismo modo, un minirretiro es esencial para una PAS si quiere funcionar bien en este mundo sobresaturado de estímulos. Durante tu minirretiro cultivarás tu cuerpo, tus emociones y tu alma.

Diles a tu familia o a tus compañeros de piso que necesitas pasar un tiempo en silencio sin que te molesten. Si no te resulta posible en casa, intenta encontrar otro lugar. ¿Tienes algún amigo, un familiar o un colega de trabajo que pueda ofrecerte su casa unas horas a la semana? Quizá a cambio puedas cocinar algo para él, limpiarle la casa o cuidar de sus plantas y animales, ya que se ha convertido en tu, digámoslo así, casero de retiro.

El primer paso para crearte un minirretiro es desconectar todos los teléfonos y los equipos electrónicos y asegurarte de que no te molestarán los estímulos externos, y eso incluye a los miembros de tu familia. Si te resulta difícil crearte un entorno silencioso, búscate una atmósfera libre de ruidos poniendo música relajante, conectando una máquina de ruido blanco o poniéndote tapones para los oídos. Habrá llegado el momento de relajarte en la cama o en el sofá y leer ese libro que te levanta tanto el ánimo y que te cuesta tanto empezar.

Si te entra el sueño mientras lees, no te sientas culpable y échate una siesta. Si te gusta la aromaterapia, vierte aceites esenciales relajantes en un tarro de flores aromáticas o quema incienso. Si tienes sed, prepárate una infusión de manzanilla o una bebida relajante de tu agrado. Prepárate un tentempié saludable (preferiblemente sin azúcar) y dedícate a paladear cada bocado pensando que estás tomando una exquisitez. Intenta cerrar los ojos y concentrarte en el delicioso sabor que notas en la lengua.

A continuación, practica un ejercicio que te eleve espiritualmente, como el hatha yoga o el taichi. Te irá bien comprarte un DVD de yoga o de taichi. Otra opción que tienes es hacer estiramientos suaves o ir a dar un paseo por la naturaleza. Después de haber practicado un poco de ejercicio te irá bien dedicarte a alguna de estas actividades: meditar, escuchar un CD de relajación, practicar la relajación progresiva, rezar, leer algún texto que te eleve espiritualmente o escribir en tu diario.

Finalmente, masajéate con aceite templado de sésamo y luego date un baño caliente. Añade lo que más te guste a ese baño, desde aceite de lavanda hasta sales de Epsom. Pasa todo el rato que quieras masajeándote y bañándote. No te plantees seguir un horario de manera rígida, sino que ve probando de manera intuitiva todas estas técnicas relajantes descritas y que calmarán tu sistema nervioso. Quizá prefieras dedicar el tiempo que dura tu minirretiro a una sola de estas actividades.

Mereces disfrutar de minidescansos regularmente; o sea que ya puedes empezar a marcar con lápiz en la agenda el día que dediques a esas sesiones. Pero no vayas a agobiarte ahora pensando que lo que estás haciendo es cargar tu agenda con más actividades. Te recomiendo asimismo que te tomes algún retiro más largo, de esos que duran todo un día o un fin de semana, un par de veces al año. Puedes irte a una cabaña perdida entre los bosques o al lugar que quieras, y disfrutar de unos días de auténtica paz.

Superar la presión de los horarios

Como PAS, seguro que para ti es todo un reto funcionar bajo la presión que nos marcan los horarios. Esta presión, combinada con un elevado sentido de la responsabilidad, es una de las cosas que más les cuesta superar a las PAS. En este apartado aprenderás técnicas específicas para gestionar bien las presiones cotidianas a las que nos somete esta sociedad que avanza a un ritmo tan vertiginoso.

Conducir

El término «dar una relajante vuelta en coche» podría parecer un contrasentido, dado el tráfico intenso que suele haber en las carreteras que comunican las distintas poblaciones. Antes tenía por costumbre circular por autovías abarrotadas y, como consecuencia, me veía expuesto a quedarme atrapado en los atascos oyendo las interminables bocinas de los conductores que expresaban su rabia ante la situación. Sin embargo, cuando me fui a vivir a las Sierra Madre Mountains, en California, conducir llegó a convertirse en una actividad relajante. Posteriormente, y debido a una serie de circunstancias, tuve que trasladarme a vivir a la bahía de San Francisco, y entonces me sentí como un paleto agobiado que intenta acostumbrarse a los múltiples estímulos que ofrece una megalópolis con una elevada densidad de población. Poco después de mudarme, tuve que acudir a una entrevista de trabajo un día laborable, a las cinco de la tarde, en una ciudad situada a veinticuatro kilómetros de casa. Pensé, ingenuo de mí, que tardaría unos treinta minutos en llegar a mi destino, porque la ruta transcurría prácticamente en su totalidad por la autopista. ¡Cuál no fue mi asombro, en cambio, cuando me vi atrapado en una autovía infestada de coches que circulaban a paso de hormiga y el trayecto duró más de una hora! Yo estaba que echaba chispas, con unos niveles de ansiedad y de tensión arterial altísimos. Y de repente comprendí que llegaría muy tarde a la entrevista: por una ironía del destino, el puesto de trabajo que me ofrecían era para enseñar a controlar el estrés…

Intenta evitar circular por las autovías durante las horas punta. Si tienes que acudir a una cita y coincide que es hora punta, ve en transporte público, o llega unas horas antes y mata el tiempo paseando por la naturaleza o meditando.

Las PAS son concienzudas en todo, y eso incluye los retrasos: por eso es importante que salgas con tiempo suficiente para llegar a tu destino por si te encuentras con embotellamientos inesperados. Preocuparte por si vas a llegar tarde a una cita en realidad hará que aumente tu nivel de ansiedad. Si vas a llegar tarde, llama a la persona que te está esperando o intenta aceptar la situación. Yo recomiendo que no lleves reloj para que no te pongas más nervioso comprobando que, efectivamente, llegas tarde. Y en cuanto al del coche, vale más que lo tapes con una fotografía bonita y así verás algo que te inspirará tranquilidad en lugar de quedarte con la mirada clavada en ese indicador de ansiedad. Siempre puedes quitar la fotografía cuando necesites consultar la hora exacta.

Con tanta furia suelta al volante, las autovías urbanas se han convertido en una pesadilla que genera mucho estrés a las PAS. La mejor manera de evitar a los conductores coléricos es no relacionarse con ellos. Es más relajante circular por el carril lento y dejar que te adelanten todos esos conductores que van con tanta prisa. Sin embargo, tengo algunos estudiantes que son PAS y me han contado que se sienten incómodos circulando por el carril lento. Quizá se deba a que han interiorizado los valores de una sociedad que se mueve con mucha rapidez. Si te apresuras para llegar a tiempo a una cita y vas conduciendo por el carril rápido, puedes terminar agobiado y perdiendo los papeles. Conducir por el carril lento es una manera excelente de aprender a dejar de tomarte tan en serio los usos y costumbres de esta sociedad que nos apremia tanto con el tema del tiempo.

Es mucho más efectivo escuchar un CD relajante o de música clásica mientras conduces que poner las noticias de la radio y enterarte por las últimas noticias de que ha habido un asesinato o un ataque terrorista. La proliferación de tertulias negativas, y sin embargo adictivas, en las que los presentadores son partidarios de las burlas para vengarse o para enganchar al público pueden llegar a ser todo un revulsivo para un sistema nervioso que es más tranquilo. El término «radio hostil» se acuñó para ilustrar la hostilidad y la rabia que retransmiten algunas cadenas de radio. Cuando circulas por el carril lento y vas escuchando música agradable, eres capaz de distanciarte de este mundo tan saturado de estímulos. Pero tampoco te pongas un CD para entrar en una relajación profunda, porque podrías adormecerte y eso es un peligro cuando se va al volante.

Contrariamente a lo que creen muchos conductores, una luz en ámbar no significa que tengamos que acelerar y pasar el cruce. Intenta considerar la luz roja como la oportunidad de estar unos minutos relajando la musculatura corporal y respirando con el abdomen. Si estás en un atasco con el coche en punto muerto, puedes aprovechar la ocasión para relajarte, más profundamente incluso, mientras que el resto de los conductores se angustian.

Si te encuentras atrapado en un embotellamiento en el que avanzas a paso de tortuga, intenta practicar alguna técnica de relajación para calmarte. Aunque la historia que voy a contarte no va de conductores, creo que la experiencia de Cynthia sobre respirar profundamente y repetir un mantra podría servirte si vuelves a montar en cólera por culpa del tráfico. Cynthia se encontraba un día en el banco haciendo cola. Esa cola era tan larga, y además no avanzaba, que los clientes empezaron a ponerse nerviosos. Al principio Cynthia también se quejó de la incompetencia de los cajeros y de la mala gestión de la sucursal. Los que esperaban en la cola se entretenían oyéndola despotricar. Pero al cabo de un rato decidió empezar a practicar la respiración abdominal. Se puso a repetir mentalmente la palabra «paz», y cuando al final le llegó el turno y se encontró frente al cajero estaba relajada y feliz, mientras que a los demás clientes se les veía la rabia reflejada en el rostro. La próxima vez que te encuentres en un atasco en el que te desplazas a cámara lenta o estés atrapado en una cola muy larga, intenta hacer un ejercicio de introversión repitiendo un mantra y practicando la respiración abdominal; ya verás la serenidad que sientes.

Caminar

En esta acelerada sociedad la mayoría de personas está habituada a caminar deprisa. Cuando vivía en las Sierra Madre Mountains, tenía un vecino que había sido corredor de bolsa en Nueva York. Aunque llevaba viviendo en ese entorno tan tranquilo desde hacía muchos años, recuerdo que con frecuencia le veía recorrer a toda prisa un camino de tierra que discurría entre los bosques sin dejar de mirar el reloj. Aunque el corredor de bolsa se marche de Wall Street, a veces es difícil que Wall Street abandone al corredor de bolsa.

Uno de los métodos más fáciles y menos caros para que las PAS soporten bien la sobresaturación de estímulos es dar un paseo por la naturaleza a diario. Mientras caminas por un bello paraje, conviene que practiques la meditación. Es importante que permanezcas centrado en el momento presente cuando camines por la naturaleza y procures no transformar ese paseo en una intensa reunión de trabajo entre tu persona y tu yo.

Durante tu caminata, intenta moverte lo más despacio posible y ser consciente de que pones primero un pie y luego el otro. Sé consciente del momento en que el tacón y los dedos de los pies tocan el suelo y del momento en que el pie se levanta. Otra técnica simple es tomar nota de lo que oyes. Escucha el dulce canto de los pájaros, el fluir de una cascada o a una ardilla trepar a un árbol. A continuación observa lo que ves. Mira detenidamente las abundantes flores multicolores, el cielo azul cristalino o la hierba verde terciopelo. Y ahora, sé consciente de lo que tocas. Tus zapatos entran en contacto con la tierra blanda y tus brazos, al balancearse, rozan con suavidad la parka que llevas puesta. Sigue disfrutando de estas sensaciones táctiles. Finalmente, sé consciente de que tu actividad es caminar. Y puedes hacerlo repitiendo las palabras «camino, camino» en silencio, para ti mismo. Y a continuación repite mentalmente «oigo, oigo», «veo, veo» y «toco, toco» (Hanh 1991). Tu paseo por la naturaleza se habrá convertido en una maravillosa meditación.

El maestro budista Thich Nhat Hanh enseña otra meditación maravillosa que se realiza mientras caminas y que puede servirte para permanecer en el presente (1991). En lugar de rumiar sobre el pasado o preocuparte por el futuro, repite un mantra a cada paso que des. Puedes elegir el mantra «he llegado» cuando pises con el pie derecho y «estoy en casa» cuando pises con el izquierdo. Estarás sano y salvo y en casa a cada paso que des. También puedes repetir mentalmente el mantra «paz» o «calma» mientras vas avanzando. Meditar caminando es un ejercicio excelente para la Persona Altamente Sensible, porque se hace ejercicio con el cuerpo y a la vez se relaja la mente.

Hablar

Hablar posiblemente sea una de las actividades más estimulantes con las que tiene que lidiar la PAS. Me he dado cuenta de que mis conocidos escandinavos tienden a hablar menos, y quizá esa sea una de las razones por las que esas sociedades tienden a ser más pacíficas. En nuestra cultura de tipo A, sin embargo, la gente suele equiparar la verbosidad con el control y el éxito. Sin embargo, cuando te ves involucrado en una discusión acalorada, tu sistema nervioso, que es muy sensible, puede verse afectado.

Uno de los métodos más eficaces para limitar los estímulos y hallar la paz interior es pasar un rato en silencio. Cuando estás en silencio en presencia de los demás, no tienes que dar tu opinión ni defenderte constantemente. Puedes relajarte y fijarte en que las personas proyectan sus creencias, lo cual, en realidad, termina equiparándose a la experiencia de la meditación. Puedes decirles a los demás que guardar silencio te ayuda a calmar el sistema nervioso, y así te libras de verte atrapado en una conversación intensa como medio de relacionarte con los demás. Cuando tu familia y tus amigos se den cuenta de que estás mucho más tranquilo, querrán imitar tu conducta silenciosa.

Para una PAS puede resultar muy estresante reaccionar con rapidez durante una conversación, porque en general procesamos la información despacio. Una técnica que he descubierto y que es muy eficaz para reducir la estimulación que provocan las conversaciones intensas es la de la «pausa durante cinco segundos». Las dos personas acceden a esperar unos cinco segundos antes de reaccionar al comentario del otro. Por ejemplo, digamos que tu cónyuge te dice que vas a llegar tarde mientras te preparas para salir y tú le respondes diciéndole que no a secas. Acabáis de montar el escenario para una pelea sobrecargada de estímulos porque las dos partes habéis reaccionado rápidamente y a la defensiva. Ahora, prueba a diseñar un nuevo escenario en el que debáis esperar cinco segundos antes de reaccionar a una afirmación. Esperad y contad mentalmente: 1…, 2…, 3…, 4…, 5… Es posible que tu reacción sea pensar que solo necesitas unos minutos más. Desde esta perspectiva, una discusión acalorada puede terminar convirtiéndose en una conversación tranquila.

Si tiendes a hablar con rapidez, pídeles a tu familia, a tus amigos y a los colegas del trabajo que te recuerden que hables más despacio. Quizá te iría bien probar un experimento. Observa cómo te sientes después de hablar muy deprisa. ¿Tus músculos están en tensión? ¿Tu respiración es entrecortada? ¿Estás nervioso? A continuación, ponte a hablar muy despacio y observa tus sensaciones corporales y las emociones que surgen. A pesar de que a las PAS les gusta procesar la información lentamente, suelen verse empujadas a reaccionar deprisa porque es lo que exige la cultura mayoritaria.

Intenta practicar guardando silencio cada día un rato mientras estés con los amigos y la familia. Al principio te sentirás incómodo, pero cuando empieces a disfrutar de la paz y la tranquilidad querrás que ese silencio se prolongue. Ahora bien, si tú ya eres una persona silenciosa o tímida, no uses el hecho de quedarte en silencio como una excusa para evitar relacionarte con los demás. Tenemos que crear un equilibrio entre nuestras intervenciones verbales y los momentos en que guardamos silencio. Cuando los estudiantes me dicen que se vuelven locos cuando tienen que hablar despacio o escuchar a personas que hablan así, eso demuestra que están muy poco equilibrados y nada relajados. Si no nos sentimos en armonía, ansiamos todo aquello que nos hace sentir todavía más desequilibrados, como una charla incesante y rápida.

Cenar

En el capítulo 2, que trata de las técnicas para reducir la sobresaturación de estímulos, hablamos de lo importante que es incluir un desayuno nutritivo y tomarlo despacio en nuestra rutina matinal. Uno de mis alumnos padecía de indigestión crónica. Analicé sus hábitos alimentarios y descubrí que para desayunar tomaba una taza de café a toda prisa y comía un dónut en la oficina; para almorzar, comía un bocadillo mientras seguía trabajando sentado a la mesa de su despacho, y para cenar se acercaba a un restaurante de comida rápida y picaba algo a toda prisa. ¿Cómo no iba a sufrir de indigestión, si su dieta era tan pobre? Piensa que, aunque consumas las frutas, las verduras y los cereales integrales más orgánicos y sanos que existan, seguirás teniendo indigestión si comes tan deprisa.

Cuanto más consciente seas de que estás comiendo, mejor vas a digerir la comida y antes combatirás el exceso de estímulos. Cuando seas realmente consciente de los alimentos que consumes, te sentirás más en paz, y para ti será algo natural. ¿Has vivido alguna vez una situación parecida a la que voy a contarte? Imagínate que has ido a un restaurante de moda y te has gastado un buen dinero en una deliciosa comida para *gourmets*. Al llegar al último bocado, te das cuenta de que estabas tan enfrascado en la intensa conversación que estabas manteniendo que ni siquiera te habías enterado de lo que estabas comiendo. Intenta ser consciente de que tienes que saborear la comida en cada ágape. Es bueno que intentes comer en silencio o manteniendo una conversación mínima, liviana y agradable.

Comer con plena conciencia de lo que estás haciendo es un nuevo hábito a desarrollar que puede representar todo un reto, sobre todo para aquellos adultos que crecieron comiendo frente a la televisión o enfrascados en conversaciones importantes. ¿Por qué no pruebas a intentar comer concienzudamente al menos una vez a la semana y te fijas en cómo te sientes al final de la comida? Intenta centrarte en lo que estás tomando en lugar de enfrascarte en otra actividad estimulante (como leer, ver la televisión, navegar por Internet, hablar o cualquier otra cosa). Finge que eres un crítico gastronómico concentrado en saborear la calidad de la comida que está tomando. Fíjate en que estás disfrutando de tu comida, y mira lo relajado que te sientes después de comer.

Escribir

Contrariamente a la opinión general, los médicos no aprenden a escribir mal en la facultad de Medicina. La razón por la que te cuesta tanto leer la receta de un médico es porque el médico adopta esa conducta de que el tiempo apremia. Con la aparición del ordenador, la mayoría ya no escribe a mano. Sin embargo, sigue siendo bueno controlar tu manera de escribir para reducir los estímulos. Recuerdo que cuando estudiaba con el doctor Ray Rosenman, autor de *Type A Behavior and Your Heart* (1974), un compañero de clase y yo trabajábamos en grupo para determinar nuestras personalidades. Yo hablaba muy despacio, y mi compañero le dijo al doctor Rosenman que creía que mi personalidad era del tipo B. Sin embargo, el doctor Rosenman me pidió que escribiera una frase, y cuando enseñó mi caligrafía chapucera a toda la clase, afirmó que yo pertenecía al tipo A.

Aprende a controlar tu caligrafía intentando hacer el ejercicio siguiente. Después de escribir rápidamente durante unos minutos, cierra los ojos y observa cómo te sientes. Comprueba si estás agarrando el bolígrafo con fuerza. ¿Tu respiración es superficial o notas los hombros tensos? También puedes probar este experimento tecleando a toda velocidad en tu ordenador. Y ahora, escribe o teclea a conciencia y muy despacio y date cuenta de que tu cuerpo se ha relajado. Si tu caligrafía es tan mala que ni siquiera tú puedes leerla, oblígate a reescribir la frase despacio, disfruta de tu buena letra y paladea una renovada sensación de paz interior.

Telefonear

El omnipresente teléfono es una importante fuente de sobreexcitación para las PAS. Y con la aparición de los teléfonos móviles, esa estimulación puede llegar a ser agobiante. ¿Cómo crees que afecta a tu sistema nervioso que vayas conduciendo por una autovía a cien kilómetros por hora con una mano en el volante y la otra sosteniendo el móvil? Te aconsejo que apagues el móvil si estás conduciendo. El predominio de los teléfonos móviles es otro síntoma de este mundo sobrecargado de estímulos y adictivo. La mayoría de PAS se ponen muy nerviosas al tener que escuchar las conversaciones privadas de los demás cuando están comprando en una tienda, haciendo cola en el banco o caminando por la calle. ¿Te has dado cuenta de que cuando estás en una sala del aeropuerto esperando a embarcar en el avión hay mucha gente alrededor hablando por teléfono? Para gestionar este bombardeo de estímulos, puedes escuchar música relajante con los cascos puestos o ponerte unos tapones para los oídos. ¿Qué ha sucedido con las cabinas de antes y con los buenos modales al hablar por el móvil? Quizá las PAS podamos influir para que se creen zonas donde esté prohibido usar los teléfonos móviles de la misma manera que colaboramos en crear zonas para no fumadores. Sin embargo, algunos aspectos positivos para las PAS de llevar un teléfono móvil encima es que podemos recibir apoyo por parte de los demás en un momento dado y sentirnos más seguras, sobre todo en caso de urgencia. Como ya dije anteriormente, para superar la cacofonía de los ruidos invasivos, no salgas nunca de casa sin los cascos puestos o con unos tapones para los oídos.

Cuando oigas el timbre del teléfono no pienses que es un estímulo negativo más de los que pueblan tu vida; antes bien, transforma ese sonido en una melodía relajante. Como esos asistentes a un retiro que son llamados a meditar con el sonido de una campanilla, deja que ese timbre te recuerde que tienes que entrar en una relajación profunda (Hanh 1991).

Intenta no responder al teléfono hasta el tercer o el cuarto timbre (Hanh 1991). Emplea esos instantes para relajar todos tus músculos e inhalar aire lenta y profundamente mientras repites mentalmente un mantra del tipo «calma» o «paz». Por eso, cuando te sientas agobiado, en lugar de responder al teléfono con un «hola» cortante y enojado, responderás con una voz más pausada y relajada. Es un ejercicio fácil que puedes integrar en tu vida. Además, como las PAS se sobresaltan con facilidad, te iría muy bien bajar el volumen del teléfono.

Usar el ordenador

En la actualidad, prácticamente todos tus amigos y colegas tienen una dirección de correo electrónico. La gente suele pedir antes tu dirección de correo que el número de teléfono. ¿Cuándo fue la última vez que recibiste una carta escrita a mano o a máquina de un amigo por correo ordinario? Internet y el ordenador, con su exceso de estímulos, se han convertido en los cimientos de la vida en el siglo xxi.

Las PAS tienen que discriminar bien el uso del ordenador. La mayoría va a tener que pasarse muchas horas en el trabajo sentada frente a un ordenador. Intenta hacer una pequeña pausa cada quince minutos para hacer estiramientos o meditar dando un breve paseo. Pero, si esto no es práctico para ti, prueba a cerrar los ojos y presta atención a tu respiración durante unos momentos. De todos modos, te aconsejo que interrumpas periódicamente lo que estés haciendo en el ordenador para evitar tener dolor de espalda, de cuello y de muñeca. Además de contribuir potencialmente a las dolencias físicas, usar excesivamente el ordenador puede provocarte vista cansada, nerviosismo y la sensación de estar agobiado con tanto bombardeo de estímulos.

Cuando termines de trabajar es importante que limites el tiempo de uso del ordenador. Para minimizar la sensación de agobio que te da comprobar los mensajes de correo electrónico, abre solo los conocidos, instala un filtro para el correo basura y no des tu dirección de correo electrónico a demasiadas personas. Como sientes el deseo de hacer las cosas a conciencia, tiendes a responder incluso al correo más trivial que te envían. Pero si no limitas el tiempo que pasas sentado al ordenador, puedes terminar perdido en un cibermundo de sobreexcitación en el que siempre estarás clicando en una búsqueda inacabable que terminará por perjudicar tu sistema nervioso. Vale más que pongas un despertador en otra habitación que te obligue a levantarte del ordenador para parar y reflexionar sobre lo que has hecho hasta el momento.

Los dispositivos electrónicos modernos y las PAS

Aunque a la mayoría de las personas les afecta negativamente la ubiquidad de los dispositivos electrónicos, a las PAS las afectan más adversamente debido a nuestro sensible sistema nervioso. Investigadores de la Kent State University de Ohio monitorizaron la relación entre la utilización diaria del teléfono móvil y la gradación clínica de la ansiedad y los niveles de felicidad. Descubrieron que quienes utilizaban el móvil con alta frecuencia mostraban un grado de ansiedad mayor y de menor satisfacción con la vida (felicidad) en comparación con quienes utilizaban sus teléfonos con menor frecuencia. Por cierto, así como trabajar con el ordenador durante muchas horas puede generar dolor de espalda, el uso repetitivo del móvil puede causar graves problemas físicos en el cuello.

Los niños pasan más tiempo que nunca delante de pantallas, tanto en la escuela como en casa. Y, al igual que en el caso de los adultos sensibles, los efectos negativos de la hiperexposición a las pantallas son mayores en los niños sensibles que en los no sensibles. Según investigaciones recientes llevadas a cabo en la Universidad de California en Los Ángeles, los alumnos de sexto de primaria que durante cinco días no estuvieron expuestos al uso de dispositivos tecnológicos interpretaban mejor las emociones que los niños que tenían un acceso frecuente a móviles, tabletas y ordenadores.

Public Health England, organismo dependiente del Ministerio de Sanidad del Reino Unido, recientemente anunció que pasar demasiado tiempo ante las pantallas contribuye a aumentar problemas psicológicos como la depresión y la ansiedad. El aumento del tiempo dedicado a los juegos de ordenador ha sido asociado de forma negativa con el bienestar de los niños. La salud mental de los niños que pasan más de cuatro horas diarias utilizando tipo de tecnología basada en las pantallas resultó afectada negativamente. Para el doctor Aric Sigman, de la British

Psychological Society, «cuando los niños se enganchan a tabletas y a móviles, eso puede causar un daño permanente a su cerebro en desarrollo. El abuso del tiempo dedicado a las pantallas puede afectar su habilidad para concentrarse y para empatizar y comunicarse con otros».

Cómo recurrir a los sentidos para calmar el sistema nervioso de las PAS

- Evita los ruidos chirriantes escuchando música relajante de fondo o poniéndote tapones en los oídos.

- Date o recibe un masaje periódicamente.

- Limita el tiempo que pasas mirando pantallas, especialmente tu móvil o la tableta. Desconecta todos los dispositivos electrónicos varias horas antes de irte a dormir. Y durante el día establece períodos de tiempo durante los cuales no utilizas ni el móvil ni la tableta.

- Limita el uso de la cafeína tomando infusiones relajantes y bebiendo agua sin gas en lugar de tomar café, té negro o refrescos.

- Consume alimentos templados que sean nutritivos.

- Intenta inhalar el aroma de aceites esenciales relajantes o de incienso.

- Búscate un minirrefugio al que recurrir un par de veces a la semana y haz un retiro más largo varias veces al año.

Puntos importantes para limitar la presión del tiempo

- Escucha música relajante mientras conduces a baja velocidad.

- Intenta evitar conducir durante las horas punta.

- Utiliza la oportunidad que te brindan los semáforos en rojo y los embotellamientos como si fueran una señal para dedicarte a practicar técnicas de relajación.

- Acostúmbrate a meditar paseando tranquilamente por la naturaleza para permanecer calmado y centrado en el presente.

- Intenta hablar más despacio y guarda silencio de vez en cuando.

- Para tener menos discusiones sobresaturadas de estímulos, espera cinco segundos antes de responder si te has enfrascado en una discusión acalorada.

- Intenta hacer al menos una comida a conciencia sin la presencia de otros estímulos como leer, ver la televisión o hablar.

- Intenta escribir o teclear más despacio.

- Cambia el timbre del teléfono a un tono de relajación y espera tres o cuatro toques antes de responder, si lo consideras factible; dedica esos momentos tan valiosos a practicar una relajación profunda.

- Minimiza el uso del ordenador, de los teléfonos y de la televisión.

4

Mantén tu cuerpo sano

En el último capítulo aprendimos técnicas específicas que nos ayudan a centrarnos emocionalmente. Este capítulo, en cambio, te aportará información y técnicas para conservarte sano físicamente. Según Kenneth Pelletier, un especialista internacionalmente reconocido en la gestión del estrés, entre el 50% y el 80% de todas las enfermedades tienen su origen en el estrés (1977). Como las PAS son más vulnerables al estrés y a sentirse agobiadas que las que no lo son, es importante seguir un programa de prevención de la salud. Hablando con distintas PAS he descubierto que el 98% de los encuestados afirmaba que el estrés en el trabajo había perjudicado mucho su salud física o emocional.

Tanto si tu sistema inmune es fuerte como si no, las Personas Altamente Sensibles tienden a vivir la enfermedad con más intensidad y se sienten más trastornadas cuando se ponen enfermas que las que no lo son. Las PAS también tienen un umbral más bajo de dolor que las que no lo son, y son más conscientes de que su cuerpo enferma.

El estrés puede contribuir a debilitar el sistema inmune haciéndolo más susceptible a contraer infecciones virales y bacterianas (Goldberg 1993). Algunas PAS afirman que fueron conscientes de que existía una correlación directa entre su nivel de estrés y el número de resfriados que padecían. Muchas afirmaron también que su sistema inmune mejoró gracias a la dieta, al ejercicio, a las vitaminas y a los minerales, así como a otros suplementos alimenticios. Si tu sistema inmune está estresado podrías tomar las siguientes medidas prácticas para potenciar tu función inmune. Intenta aumentar la ingesta de fruta y de verdura y abstente de alimentos que ataquen tu sistema inmune, como el azúcar; sigue una rutina de ejercicios adecuada a ti; toma infusiones y suplementos nutricionales; procura mantenerte caliente en invierno; y evita exponerte a los contagios de los demás.

Una dieta saludable para las PAS

Como PAS, es importante que cuides bien tu dieta. Existen alimentos que pueden hacer que aumente tu tensión y tu ansiedad. Otros pueden debilitar tu sistema inmune. Cuando sepas bien los alimentos que debes tomar, empezarás a funcionar de manera óptima.

Cosas de las que debes ser consciente cuando mejores tu dieta

Debes prestar atención a los siguientes puntos cuando hagas la compra, cocines y comas:

- **Alergias alimentarias:** algunas PAS presentan más alergias alimentarias que las que no son tan sensibles. Por consiguiente, es importante que leas bien los ingredientes que aparecen en las etiquetas de los productos y consultes con un alergólogo si sospechas que padeces alguna alergia alimentaria.

- **Alimentos procesados:** muchos alimentos procesados contienen ingredientes potencialmente dañinos, como los colorantes carcinógenos MSG (glutamato monosódico), un exceso de sal y de azúcar y grasas poliinsaturadas. Los alimentos que son ricos en azúcar y en carbohidratos refinados y provocan un elevado grado de glicemia pueden causar una explosión de energía o de hiperactividad seguida de un estado de depresión o de ansiedad.

- **Un elevado índice glucémico:** el índice glucémico mide el nivel que alcanza el azúcar en sangre al cabo de dos o tres horas después de haber ingerido carbohidratos, que se rompen con rapidez (Whitaker 2001). Los productos que contienen harina blanca, la mayoría de los cereales procesados y la patata blanca (no así el boniato) son ejemplos de alimentos con un alto índice glucémico. Para calcular el índice glucémico de los alimentos consulta la página web www.mendosa.com.

- **Los alimentos picantes** pueden crear una reacción estimulante en las personas sensibles.

- **Los artículos que llevan la etiqueta «producto natural» o «bajo en calorías»:** muchas grandes empresas alimentarias intentan aumentar sus ingresos siguiendo la moda de las dietas saludables, y así es como, de vez en cuando, nos encontramos en algunos «alimentos saludables» ingredientes que no lo son en absoluto, como, por ejemplo, azúcares refinados y conservantes.

- **Los restaurantes de comida rápida:** intenta evitar los restaurantes de comida rápida que tienden a vender alimentos con un alto contenido en azúcares, sal, grasas y productos químicos.

- **La fruta y la verdura cultivada en los circuitos comerciales:** ten cuidado con la ingesta de pesticidas que se encuentran en las frutas y las verduras que se venden en los circuitos comerciales.

Cómo seguir una dieta saludable

Estamos constantemente bombardeados por anuncios que nos animan a comprar alimentos que no son saludables, y por eso tenemos que buscar el apoyo de familiares y amigos para poder adoptar nuevos hábitos más saludables para nuestra dieta. Nos irá bien leer algún libro sobre la importancia de llevar una dieta saludable y comprar en tiendas orgánicas.

Literalmente, existen centenares de libros sobre dietas en el mercado. Y para una PAS puede ser muy agobiante intentar elegir el más adecuado. Sin embargo, si sigues las directrices generales y tomas menos alimentos procesados, menos azúcar, sal y conservantes, y en cambio consumes cereales integrales, tu sistema inmune mejorará y disminuirán tus niveles de ansiedad.

A veces, cuando nuestro cuerpo se ha desequilibrado, nos apetecen alimentos que nos desequilibran todavía más. Por ejemplo, cuantos más alimentos saturados de sal y de azúcar tomemos, más nos apetecerán. En los cines comerciales, las palomitas que venden van tan bañadas en sal para que los clientes compren refrescos azucarados.

Una alumna mía, Jean, comentó un día en clase que se había hecho adicta a comer caramelos de chocolate por la noche. Se acercaba el Año Nuevo, y se hizo el propósito de prescindir del azúcar durante varios meses. Y al final, cuando concluyó su ayuno de azúcares y Jean se tomó un caramelo, le supo tan amargo que ya no le apetecieron más. Cuantos más alimentos naturales y relajantes tomes, más te apetecerán.

Te iría bien aumentar la ingesta de alimentos veganos orgánicos, de fruta y de cereales integrales. Aunque los productos orgánicos sean un poco más caros, el dinero de más que gastes a la semana para evitar los pesticidas con que rocían los alimentos puede resultar una buena inversión en términos de salud.

Cuando empieces una nueva dieta has de tener mucha paciencia contigo mismo. Por ejemplo, puedes ir limitando poco a poco los alimentos procesados y aumentando la ingesta de verduras, de fruta orgánica y de cereales integrales en tu dieta. La clave para llevar una dieta sana tendría que ser la moderación.

También es importante no comer en exceso. Déjate un poco de espacio en el estómago: tu cuerpo digerirá la comida mejor y te evitarás indigestiones y tensiones. Además, si comes en exceso puedes estar aumentando la carga de trabajo de tu corazón, y en último término estarás creándote más estrés. Come para vivir;

no vivas para comer (Amritaswarupananda 1989). Si quieres hacer ayuno durante todo un día, hazlo cuando no haga frío. Ahora bien, en general a las PAS no les convienen los ayunos largos, porque su sensibilidad puede crearles reacciones emocionales y fisiológicas perjudiciales si se privan de comer durante muchos días.

En los países occidentales tenemos la inmensa suerte de contar con una gran abundancia de ricos manjares a nuestra disposición. Sin embargo, como ya mencioné en el capítulo 3 al hablar de calmar los sentidos, a pesar de que contamos con muchos alimentos deliciosos, la mayoría de nosotros no nos tomamos el tiempo necesario para disfrutar de la comida. Recuerda disfrutar del tiempo necesario para comer despacio en un entorno tranquilo.

Aunque muchas personas limiten el consumo de carne, puede ser más saludable una dieta no vegetariana que otra que sí lo sea pero que incluya un helado al día. Por otra parte, es mejor comer carne sin darle demasiada importancia que convertirse en un vegetariano estricto, de esos que critican a quien consume carne. Todas las constituciones son diferentes: explora hasta que encuentres la dieta que te ayude a mantenerte sano. Si tienes flatulencias o acidez estomacal o padeces estreñimiento o diarrea, mejor consulta con el médico o con un nutricionista para que haga los cambios pertinentes en tu dieta.

Según la medicina ayurveda, los alimentos pesados, calientes y húmedos propician la calma en las personas con una constitución *vata*, cuyo sistema nervioso suele ser sensible (Frawley 1989). Tomar alimentos como sopas calientes, guisos y cereales calientes nutre y relaja, sobre todo en invierno. Adquiere el libro *Ayurvedic Cooking for Westerners*, de Amadea Morningstar, y sigue la dieta apta para la constitución *vata*. Los alimentos pesados, templados y húmedos son excelentes para la nutrición interior que necesitan las PAS. Yo recomiendo tomar verdura cocida en invierno y decantarse por las ensaladas en verano.

Comer carbohidratos complejos puede aumentar la serotonina, un neurotransmisor cerebral que relaja el sistema nervioso. Sin embargo, los alimentos ricos en proteínas pueden bloquear la síntesis de la serotonina y hacer que te sientas en estado de alerta. Esos fueron los resultados de un estudio en el que diversas personas refirieron sentirse en un estado de alerta si tomaban almuerzos ricos en proteínas, y más soñolientas si ingerían almuerzos ricos en carbohidratos (Jacobs 1998).

Entre las comidas, si te apetece picar algo, toma fruta, alimentos veganos, yogur desnatado, frutos secos o semillas. ¿Sabías que si tomas ramas de apio pierdes peso porque se queman más calorías masticando que ingiriendo las que contiene el alimento? Prueba con algún tentempié rico que te calme las ganas de tomar dulce. Puedes cortar un trozo de manzana o de plátano (o de cualquier otra fruta) y ponerle encima una cucharada de sirope de bayas natural (que no lleva azúcares), mermelada o coco rallado. Intenta no tener en casa alimentos azucarados y procesados para evitar tentaciones, y almacena en la despensa de la cocina alimentos saludables y naturales.

Dieta ejemplo para las PAS

No hay dos PAS iguales entre sí, por eso tienes que seguir la dieta que te ayude a sentirte en calma y que preserve tu salud. He hecho una lista con unos cuantos ejemplos de comidas relajantes y saludables para ti.

Sugerencias para el desayuno

1. Prepárate un desayuno de avena, con copos de avena o de arroz (que tiene un índice glucémico muy bajo), y añádele yogur natural desnatado, leche o leche de soja. Es conveniente ponerles un poco de canela a los cereales y usar estevia para endulzar, porque eso te ayudará a controlar el azúcar en la sangre.

2. Pan de germinados con mantequilla, mermelada sin azúcar, soja o queso bajo en calorías.

3. Huevos con un chorrito de aceite de oliva.

Sugerencias para el almuerzo

1. Una buena ración de verduras salteadas o al vapor y/o ensalada de atún, salmón, sardinas, pechuga de pavo magra o pollo y pan de germinados. Adereza la verdura cocida con aceite de oliva, salsa de soja baja en sal o un yogur desnatado, y luego complementa con semillas de sésamo o de girasol y con frutos secos.

2. Sopa de judías verdes, verdura cocida o ensalada y pan de germinados.

Sugerencias para la cena

1. Una ración generosa de verduras salteadas o al vapor y/o ensalada, cereales integrales, pescado, pechuga de pollo o pavo.

2. Un guiso, una sopa de judía tierna o tu plato favorito servido con verdura cocida o ensalada y pan de germinados.

Cuando cocines la verdura, déjala al vapor durante un par o tres de minutos, no más; así estará crujiente y no habrá perdido ni las vitaminas ni las enzimas. Si sofríes la verdura, hazlo con aceite de oliva o pon un chorrito de este mismo aceite en una sartén antiadherente. Compra en tiendas orgánicas de tu barrio y hazte con un buen surtido de verduras orgánicas de distintos colores. Cuando comas un plato principal que contenga grasas, intenta tomar media ración, y come los alimentos más pesados despacio, saboreando cada uno de los bocados. Si te gusta el pescado, lo mejor es que tomes marisco, que es rico en aceites omega 3, y alimentos bajos en mercurio, como el salmón y las sardinas. Hay que tener en cuenta que, debido a los altos niveles de mercurio existentes, la Administración de Alimentos y Medicamentos de Estados Unidos aconseja que las mujeres en edad de concebir eviten consumir tiburón, pez espada y caballa (2003). Lo mejor es tomar fruta entre las comidas o dos horas después de una comida copiosa, porque la fruta no se digiere bien combinada con otros alimentos.

Como ya dije antes, existen muchas dietas a nuestro alcance, y hay que ver cuál funciona mejor para cada quien. En la biblioteca o en tu librería habitual busca algún libro que te informe sobre recetas sabrosas, saludables y naturales. Intenta saber si la comida que tomas te calma o te pone más nervioso.

Ejercicio

Randy, un hombre soltero y altamente sensible casi treintañero, se mudó no hace mucho a la Bahía de San Francisco para trabajar en una empresa que, para que sus empleados se relacionaran entre sí, potenciaba una actividad semanal: un partido de *softball*. El recuerdo que guardaba de la presión a que se veía sometido cuando participaba en deportes de grupo en la escuela era terrible, pero a pesar de ello sintió que tenía que participar en esa actividad de grupo porque tenía muy pocos amigos en la ciudad.

Sin embargo, en el partido de *softball* Randy fue el único que no consiguió batear ni un solo *hit*; además, cometió varios errores y la pelota se le escapó varias veces. Al terminar el partido se sintió humillado, enfadado y triste. Después de esta traumática experiencia descubrió que había un club excursionista cerca de su casa que organizaba salidas los fines de semana. Se inscribió para salir en grupo a hacer senderismo y dejó el *softball*; se lo pasó muy bien, conoció gente y participó de una actividad más tranquila.

A menor presión, mayores beneficios

Como PAS es imperativo que renuncies a esas actividades competitivas tan populares que pertenecen al tipo A y te inclines por los ejercicios que crean paz interior. Además, para que no te lesiones, es importante que hagas ejercicio a un ritmo que te resulte cómodo. Tendrías que practicar a un 50% de tu capacidad y deberías ser capaz de mantener una conversación respirando por la nariz. En 1996 el departamento de Sanidad recomendó que las personas dedicaran treinta minutos al día a hacer una actividad física de intensidad moderada en la medida de lo posible. Esta actividad también puede repartirse en distintas sesiones que sumen treinta minutos al día (Jacobs 1998).

Cuando jugaba a baloncesto casi a diario, no podía entender por qué siempre estaba tan cansado. En esa época no me daba cuenta de que, como hombre sensible que era, no siempre estaba a la altura de los otros atletas. Sin embargo, cuando reduje esa actividad aeróbica tan intensa a dos o tres veces por semana, me sentí más lleno de energía. A pesar de que algunas personas que no son altamente sensibles pueden practicar ejercicio intenso cada día, la mayoría tiene que gestionar bien la cantidad y el grado de actividad física que dedica. Mientras vayas aumentando tu actividad cardíaca practicando tus veinte o treinta minutos de ejercicio intenso, ganarás mucho físicamente sin correr el riesgo de padecer efectos secundarios nocivos, sean estos emocionales o físicos.

Nuestra cultura potencia los deportes competitivos, y puede resultar aborrecible para la mayoría de las PAS, sobre todo para los varones. Los muchachos que no son atléticos se sienten infravalorados y sufren socialmente (Kindlon 1999). Muchos chicos y chicas padecen el aislamiento o las burlas si no demuestran su pericia en los deportes de grupo en la escuela. Participar en los deportes grupales bajo presión puede crear lo que se llama ansiedad ante el rendimiento, y es algo que puede llegar a agobiar tanto a las PAS que terminan por presentar una baja autoestima. Más del 90% de las PAS que seguí durante mis investigaciones me dijeron que preferían participar haciendo ejercicios individuales antes que apuntarse a deportes de equipo. Hay PAS dotadas de una constitución atlética de por sí y que, con la práctica, pueden llegar a superar la presión de los deportes en equipo, pero el ejercicio individual y no competitivo en general va más acorde con su temperamento.

Steve, una PAS de cuarenta y pico de años, contó que le agobiaba mucho la presión del grupo cuando se veía obligado a practicar deportes de equipo en la escuela. Le entraba miedo cuando tenía que jugar a baloncesto en clase de gimnasia porque todas las miradas se mantenían fijas en él mientras intentaba hacerse con la pelota desde el lateral derecho de la cancha. Fueron tantas las humillaciones que sufrió en el deporte que Steve rehuyó el ejercicio físico desde pequeño. Sin embargo, y ya de adulto, descubrió que en realidad le gustaban algunos deportes individuales y de equipo. Se dio cuenta de que, mientras no se sintiera presionado durante un partido, su rendimiento era bueno. Cuando jugaba a tenis con un amigo que lo apoyaba mucho, lo hacía muy bien. Sin embargo, cuando jugaba a dobles con dos desconocidos, a menudo la presión lo desbordaba y, en general, su rendimiento era bajo.

La presión que ejercen sobre ti tus iguales cuando intentas encajar en una cultura deportiva que es competitiva puede perjudicar tu salud física. Steve relató que años atrás una vez que se entrenaba en un gimnasio con unos amigos se encontró intentando encajar en una «competición para machos no sensibles». Se trataba de ver quién era capaz de levantar más peso, y Steve terminó con un tendón del hombro desgarrado.

No tienes por qué negarte a participar en las actividades de equipo, pero discierne bien cuándo debes hacerlo y cuándo debes retirarte de un ejercicio en el que puedes hacerte daño. Alice, una PAS de treinta y pico de años, me dijo que detestaba nadar cuando el agua estaba fría a menos que hiciera mucho calor, porque era muy sensible a la temperatura. Un día de marzo fue con un grupo de amigas a un lago y, como hacía muy buen día, las mujeres decidieron meterse en el agua helada. Al principio Alice no quería sumergirse, pero después de ver que las demás estaban nadando en el lago, y después de probar un poco el agua, decidió darse un chapuzón. La idea de sumergir su cuerpo, tan sensible, en esa agua tan helada le resultaba desagradable, pero pensó que como solo serían unos segundos podía hacerlo, y se zambulló. Luego contó que esa experiencia le había resultado refrescante, y se alegró de haber traspasado sus límites habituales en esa clase de situaciones.

Diversión y juegos para las PAS

En general, a las PAS les va mejor participar en deportes no competitivos como caminar, ir en bicicleta o hacer yoga. También existen juegos de cooperación que se practican en equipo, como mantener una bola en el aire sin que toque al suelo. Una de las mejores experiencias que viví en una pista de baloncesto fue el día en que un amigo y yo fingimos que jugábamos contra un equipo imaginario y disfrutamos de la camaradería que surgió durante ese partido que nos habíamos inventado.

Uno de los ejercicios más fáciles y menos caros que existen para sanar cuerpo y mente es pasear en silencio por la naturaleza, y hacerlo a diario. Mientras caminas por bellos parajes naturales puedes meditar. Ya comenté en el capítulo 3 que es importante permanecer centrado en el presente cuando caminamos por la naturaleza.

Sin embargo, si te divierten los deportes competitivos, lo mejor quizá sea que juegues con alguna persona que te apoye estímulos para de esa forma reducir la estimulación excesiva. Alice, la mujer que se había obligado a sí misma a darse un chapuzón metiéndose en el agua helada, es consciente de exponerse a situaciones peligrosas. Sin embargo, una vez me contó que se había apuntado sin pensarlo a una salida para ir a esquiar. Era su primera vez, y se marchó con una amiga muy competitiva que en teoría era la que debía enseñarle a esquiar. Pero en lugar de eso, en lugar de enseñarle a esquiar en una pista para principiantes, esa amiga nada sensible, si es que se la puede llamar así, la llevó a una de las pistas más altas. La chica, en lugar de enseñarle a Alice los rudimentos del esquí, decidió bajar la colina esquiando y la dejó sola en la fría nieve sin haberle dicho lo que tenía que hacer. Alice se sintió tan humillada que se quitó los esquíes y bajó caminando por la pendiente. Nunca más volvió a intentar esquiar.

Si tu hijo es una PAS, o lo eres tú, y ves que quiere participar en algún deporte de equipo, elige alguno que no sea violento por definición, como el fútbol o el voleibol, por ejemplo, y no te decantes por el fútbol americano o el rugby. De todos modos, los jugadores o los entrenadores que demuestran una actitud insensible y quieren ganar a toda costa pueden llegar a convertir cualquier partido en un infierno para las PAS. Por desgracia, seguimos viviendo en una cultura en la que «ganar no es que lo sea todo, sino que es lo único que cuenta». En realidad, podemos disfrutar de cualquier deporte siempre y cuando la actitud de los que participan en él sea ofrecer su apoyo y preocuparse por los demás.

Un buen método para hacer ejercicio físico y rebajar la tensión es el hatha yoga, originario de India y muy popular en Occidente desde hace varios años. Las posturas de yoga consisten en una serie de estiramientos que tonifican el cuerpo a la par que liberan la tensión. Cuando practicas hatha yoga no solo haces ejercicio con el cuerpo, sino que calmas la mente y el sistema nervioso. Los buenos instructores de yoga te aconsejarán que hagas movimientos suaves y que nunca fuerces las posturas. El taichi es otro ejercicio relajante, originario de China y muy conocido ya en Occidente. El taichi consiste en movimientos procedentes de las artes marciales lentos y armoniosos que contribuyen a dotar de paz interior a quien lo practica.

En una de las clases que organizo para PAS, una alumna sacó a relucir la teoría de que al practicar un ejercicio intenso podremos trascender el cuerpo y no ser tan sensibles a la estimulación. Sin embargo, a la mayoría de las PAS, el ejercicio intenso las sobrecarga de estímulos en lugar de generarles una paz interior. Otra alumna mencionó que necesitaba sentirse más enraizada, y descubrió que las clases de kárate la ayudaban mucho. Yo diría que un ejercicio suave como el hatha yoga probablemente sea lo mejor para centrarte, quizá más que asistir a una clase de kick boxing o de kárate. No hay dos PAS iguales, por eso cada cual deberá determinar la clase de ejercicio que más le conviene.

Diseña un horario para hacer ejercicio

Durante el ejercicio el cuerpo libera endorfinas, que en realidad son sustancias que rebajan el estrés. Hace cien años, cuando las personas se dedicaban al trabajo manual y caminaban más que ahora, liberaban endorfinas a lo largo del día, y no acumulaban tanto estrés. Las endorfinas que se liberan son las que le dan un subidón al corredor, y las responsables de esa bendita sensación que experimenta la gente después de practicar ejercicio. Aparte de reducir el estrés, el ejercicio aeróbico regular también baja la tensión arterial y el colesterol y refuerza el corazón, y ayuda a perder peso.

Hacer ejercicio va bien para perder peso, pero recuerda que correr durante treinta minutos equivale a quemar el contenido de una tarrina de yogur helado de trescientas calorías. Cuando tenía veintitantos años, jugaba a baloncesto casi a diario durante al menos una hora. Sin embargo, no entendía por qué cada vez ganaba más peso. Me convencía a mí mismo diciéndome que, como practicaba ejercicio aeróbico casi a diario, no pasaba nada si me comía un montón de galletas o tomaba helado casi todas las noches. Después de engordar once kilos tuve que abandonar esa teoría que dice que «puedes comer lo que quiera porque haces ejercicio».

En general, no es muy recomendable practicar ejercicio después de las siete de la tarde, porque el cuerpo necesita tres horas para enfriarse. Un alumno que iba a mis clases para reducir el estrés me comentó que tenía que hacer ejercicio por la noche, porque si practicaba a una hora más temprana se exponía a estar cansado todo el día. Aunque reconoció ser muy sensible a los estímulos, ese hombre era muy competitivo. Cuando le pregunté qué ejercicio practicaba, me respondió: «Voy al gimnasio, pongo la cinta caminadora a tope y corro a toda velocidad durante treinta minutos. Luego subo a la StairMaster y le doy al máximo durante otra media hora. Y al final, alzo pesas otra media horita más». Le dije que, solo con oír cuál era su rutina de ejercicios, ya me sentía agotado.

Cuando analizamos los motivos que le habían llevado a elegir entrenarse de forma tan intensa, mi alumno me contó que se había criado con dos hermanos mayores muy duros de pelar, que siempre estaban humillándolo y ganándole en todos los deportes. Al final, terminó por darse cuenta de que estaba intentando compensar haber sufrido una situación de debilidad cuando era niño. Cuando analizas y comprendes las razones que impulsan las conductas adictivas y desequilibradas, es más fácil abandonar los patrones negativos.

Si te cuesta levantarte del sofá, haz ejercicio con un amigo, con un familiar o con un colega del trabajo para crearte una estructura de apoyo. Diversos estudios demuestran que si practicas con un miembro de tu familia vuestra relación mejorará, porque liberaréis endorfinas juntos y estaréis creando una experiencia mutua positiva (Bhat 1995). Diseña un programa de ejercicios con un colega. Elegid una modalidad que os guste mucho a los dos y, si odiáis hacer ejercicio, poneos los cascos con vuestra música favorita y leed un libro o una revista interesantes mientras estáis en la bicicleta fija, la cinta caminadora o la máquina Stair-Master. Si haces ejercicio en un gimnasio, es importante elegir uno en el que se respire un ambiente tranquilo. Una hora en un local con la música alta y estridente, luces brillantes y fluorescentes y un montón de gente metiendo ruido podría llegar a crearle más tensión todavía a una persona sensible. Lo mejor es hacer ejercicio cerca del despacho o de casa, para no desanimarte si tienes que hacer un largo trayecto en coche. Valora la opción de adquirir máquinas para usarlas en casa mientras ves un programa de televisión o un DVD que te anime a hacer ejercicio. De todos modos, intenta hacer ejercicio en un entorno natural siempre que puedas para limitar tanta estimulación. Consulta siempre con tu médico antes de iniciar una rutina de ejercicios.

Suplementos, vitaminas y hierbas

Dado que las PAS tienen tendencia a absorber el estrés, que puede crear problemas físicos y emocionales, pensamos que es muy sensato recurrir a los suplementos, las vitaminas y los tratamientos con hierbas que están a nuestra disposición para ayudarnos a mantener el nivel de energía, a conservar la calma y a modificar cualesquiera reacciones fisiológicas adversas que puedan derivarse de este estrés. Los doctores Shamberger y Lonsdale descubrieron en sus investigaciones que los pacientes que tienen fatiga y sufren cambios de humor e insomnio padecen menos sintomatología al cabo de seis o doce semanas de estar tomando suplementos nutricionales (Goldberg 1993). En mis investigaciones he descubierto que la mayoría de PAS toman suplementos nutricionales o hierbas a diario. De hecho, un 46% aproximadamente de los estadounidenses que están en edad adulta toman suplementos nutricionales a diario (Goldberg 1993). Algunas PAS me han dicho que les interesa tomar estos suplementos, pero que se sienten agobiadas y confusas porque no saben qué tomar. La variedad y el número de opciones que tenemos a nuestra disposición pueden llegar a ser abrumadores, porque el negocio de los suplementos se ha convertido en una industria millonaria. Hace diez años no era habitual encontrar hierbas en la farmacia del barrio o en el supermercado, pero ahora las hierbas y los suplementos se venden en casi todas las tiendas al por menor. ¡No me extraña que la gente se sienta tan confusa!

Además de la cantidad de productos disponibles, puede ser difícil encontrar información fiable sobre suplementos nutricionales y hierbas. Por desgracia, se ha generado una situación en la que millones de personas compran suplementos y hierbas sin que la Administración de Alimentos y Medicamentos de Estados Unidos haya regulado la industria, y la mayoría de médicos no tienen formación para recetar esos suplementos y hierbas. En un estudio reciente, el 83% de los médicos admitió que no tenía la formación necesaria para determinar si las medicinas y los suplementos nutricionales podrían interactuar entre sí (Whitaker 2004). Para complicarle todavía más las cosas al consumidor, hay que decir que existen fabricantes sin escrúpulos que intentan hacer dinero fácil y lo que venden no coincide con lo que están ofreciendo al público. Hay estudios que demuestran que las hierbas y los suplementos nutricionales que se venden no guardan la misma proporción ni la misma calidad según la empresa que fabrique el producto (Whitaker 2004).

A pesar de que, en general, las hierbas y los suplementos son una apuesta segura, siempre hay que tener en cuenta los efectos secundarios. Si ya estás tomando medicación alopática (la medicación convencional que te receta el médico o que compras en la farmacia), tienes que ser especialmente consciente de los efectos que esas vitaminas y hierbas pueden tener en tu cuerpo. Por ejemplo, además de la vitamina E, hay hierbas que pueden ser incompatibles con la heparina, un medicamento anticoagulante.

Recomiendo fervientemente que consultes con tu médico antes de tomar hierbas o suplementos nutricionales. Sin embargo, como ya mencioné anteriormente, muchos médicos tienen un conocimiento limitado sobre los suplementos y las hierbas. Si el médico que te lleva no conoce un determinado suplemento, te recomiendo que consultes con un médico que practique la medicina holística (véase el capítulo 10). En países europeos, los médicos reciben formación en fitoterapia en la facultad de

Medicina, y recetan fórmulas con plantas de manera habitual a sus pacientes. Creo que es cuestión de tiempo de que los médicos de Estados Unidos reciban formación en suplementos nutricionales y hierbas, y que además los receten. Por desgracia, este giro cuántico quizá no se dé de la noche a la mañana debido a la influencia que ejerce la industria farmacéutica en la profesión médica. De todos modos, recientemente me sorprendió descubrir que algunos médicos ortopedistas están recetando glucosamina como un suplemento para los pacientes con dolencias en las articulaciones.

Hay muchos médicos e investigadores médicos que gozan de gran reputación y han escrito libros y artículos en los que mantienen que es seguro tomar suplementos nutricionales y hierbas. También existen muchos sanadores holísticos como los homeópatas, los naturópatas, los especialistas en ayurveda, los herbolarios y los acupuntores que recetan suplementos y hierbas. Sin embargo, es importante asegurarse de que quien te extienda la receta esté bien informado sobre todos los efectos secundarios. El capítulo 10 da más información sobre estos especialistas y ofrece una guía por si deseas contactar con alguno de ellos.

Es posible que te encuentres más cómodo si te trata algún especialista en técnicas holísticas, porque la mayoría tiene una gran sensibilidad, y eso no ocurre con la mayoría de médicos. Es importante que le digas al médico que eres una Persona Altamente Sensible. Dile que, como tiendes a experimentar las cosas con mayor profundidad, tu cuerpo podría reaccionar a la medicación y al dolor con mayor intensidad que la mayoría de personas. Esta información es importante, y tu médico tendría que conocerla.

Pienso que es importante recurrir a los excelentes avances que hemos logrado en la medicina occidental, y que eso puede combinarse con las antiguas hierbas medicinales de las culturas indígenas y los modernos suplementos y vitaminas. Te iría muy bien hacerte una revisión anual y todas las analíticas que sean necesarias, porque todo eso te da información excelente sobre tu estado de salud. Esta información te ayudará a determinar cuáles son los suplementos que necesitas más para que sepas cuáles debes tomar.

Es importante comparar el precio de las hierbas y los suplementos antes de comprarlos. Hay tiendas de productos naturales que ofrecen muchos descuentos. Sin embargo, no compres un producto solo porque sea barato, porque es importante que nos fijemos en la calidad y en que el fabricante sea de toda confianza. Una buena idea es hablar con la persona que se encarga de comprar las vitaminas y las hierbas en tu tienda de productos naturales para que te diga la marca que goza de más prestigio. Pregúntale al dependiente cuánto tiempo lleva trabajando con hierbas y vitaminas, porque, por desgracia, hay tiendas en las que se contrata a personas con muy poca experiencia, o sin experiencia alguna; por eso tienes que asegurarte de que la persona con quien hables esté bien informada.

Pregúntale siempre al vendedor la fecha de fabricación de las hierbas en cuestión o del suplemento, porque es posible que la fecha de caducidad no sea exacta. Por ejemplo, el aceite de semillas de lino tendría que usarse en un intervalo de seis meses como máximo a partir de la fecha de fabricación. Y, en cambio, la fecha de caducidad que aparece en determinados productos es de uno o dos años. Cuando tomes hierbas, si no estás seguro de que las cápsulas (o las hierbas a granel) son recientes, lo mejor es que compres una tintura. Transcurridos seis meses algunas hierbas secas empiezan a perder su potencial, y al cabo de un años otras muchas pierden toda su eficacia. Una tintura, en cambio, dura al menos cinco años.

Cómo encontrar los suplementos nutricionales y las hierbas más adecuados

Tenemos a nuestra disposición varias fuentes excelentes de información sobre hierbas y suplementos. Julian Whitaker, doctor en medicina (www.drwhitaker.com), es autor de muchos artículos y libros sobre sanación alternativa, y dirige un instituto de salud y bienestar. Otra fuente excelente es Andrew Weil, doctor en medicina (www.drweil.com), que quizá sea el exponente de la medicina alternativa más conocido. En sus libros *Salud y medicina natural: manual para el bienestar y el cuidado de uno mismo* (1998) y *La curación espontánea* (1995) recomienda hierbas específicas originarias de Occidente, de China y de la tradición ayurvédica. En el libro de Deepak Chopra *Rejuvenecer y vivir más* (2009) se informa extensamente sobre cómo utilizar correctamente los suplementos y las hierbas.

Jean Carper (www.stopagingnow.com) es una autora de gran renombre internacional que escribe artículos médicos que aparecen regularmente en la revista estadounidense *USA Weekend*. Su didáctico libro *Ponga vida a sus años: un plan definitivo para mantener la juventud e invertir el proceso de crecimiento* (1999) se hace eco de las últimas investigaciones médicas sobre los beneficios de los suplementos nutricionales y las hierbas. Enumera las dosis adecuadas, la clase de suplemento que debe comprarse y los posibles efectos secundarios. Algunos de los suplementos que describe son las vitaminas B_{12}, C y E, el cromo, el zinc, el calcio, el magnesio, el selenio y la coenzima Q-10.

Existen muchas hierbas y suplementos que puedes tomar para reducir la ansiedad y la tensión. Sin embargo, en general no es buena idea tomar preparados de hierbas a diario para rebajar el estrés, porque tu cuerpo podría acostumbrarse y entonces necesitaría una dosis mayor para que el remedio resultara eficaz. Las hierbas para combatir la ansiedad deberían tomarse «solo cuando se requiera».

Las hierbas a las que se suele recurrir para reducir la ansiedad son la valeriana, la pasiflora, el lúpulo y la manzanilla. A muchas PAS les ha dado buen resultado adquirir algún preparado que combine estas hierbas, y eso crea un efecto sinérgico. Aunque la valeriana es la hierba más sedativa, hay personas que en realidad refieren que han padecido el efecto contrario después de tomarla, y que para ellas ha sido estimulante. Los organismos de las personas reaccionan de manera distinta a las hierbas, y también a su dosificación. Pregúntale al médico o a tu especialista en salud cuál es la dosis que deberías tomar. Como las PAS son más sensibles a los efectos de las hierbas, deberías empezar con una pequeña dosis y, poco a poco, ir incrementándola en función de las instrucciones que te dé el especialista. Experimenta con diversas hierbas para ver cuál es la que mejor se adapta a tu constitución. Y finalmente, existe una tintura de esencias florales que es una maravilla y se llama Rescue Remedy. Te ayudará a encontrar la calma en situaciones estresantes.

El insomnio puede asaltarte cuando viajes o te encuentres bajo presión. Puedes tomarte unas hierbas relajantes una hora antes de irte a dormir. También podrías intentar tomar melatonina, que es la hormona que libera nuestro cerebro cuando nos vamos a dormir. Puedes tomar una marca de melatonina que sea de efecto retardado una hora antes de acostarte para que te ayude a conciliar el sueño o para combatir el *jetlag*. Si viajas en avión y cruzas más de dos o tres zonas horarias, notarás el *jetlag*, y te costará más dormir aunque te sientas demasiado cansado. Existe un nuevo remedio homeopático llamado No Jet Lag que puede irte muy bien para paliar sus efectos. Encontrarás más información sobre hierbas y suplementos para relajarte en el siguiente capítulo, que trata de conciliar mejor el sueño.

Si tienes problemas digestivos debido al estrés te iría bien tomar zumo de áloe, de genciana o de angostura. La manzanilla y la infusión de jengibre también pueden calmar un estómago revuelto. Una taza de infusión de manzanilla es un gran paliativo del estrés, y es natural. Como ya mencioné en el capítulo 3, las bolsitas para infusión no son tan potentes. Es más eficaz comprar manzanilla fresca, o hierbas relajantes en cápsulas; pon una cucharada en una taza, añade agua caliente, tapa durante cinco minutos, cuela y a beber. La mayoría de hierbas chinas se preparan con agua hirviendo, a la que se añaden hierbas para una taza y luego se cuelan.

Gran parte de la información que aportamos en este libro se basa en los principios de un antiguo sistema de curación originario de la India llamado ayurveda. El ayurveda proporciona resultados similares a los de la medicina convencional, pero a menudo no entraña tanto riesgo. Por ejemplo, la hierba ayurvédica llamada guggul baja el índice de colesterol de una manera parecida a como lo hacen las medicinas que compramos en la farmacia, pero entrañando menos riesgo, según el doctor Andrew Weil. La hierba triphala es el mejor regulador intestinal (Weil 1995).

También existen hierbas que calman el sistema nervioso como la jatamamsi y la ashwaghanda (Frawley 1989). Las hierbas relajantes ayurvédicas preparadas con una base de aceite de sésamo y aplicadas tópicamente son un potente relajante que es ideal para situaciones estresantes (www.oilbath.com)

Aunque la compra de suplementos nutricionales y hierbas representa un gasto, esta medida preventiva es una mínima parte de lo que te costará la medicina alopática si pierdes la salud y tu mente no está en paz. ¡Más vale prevenir que curar!

Una dieta saludable para reducir el estrés

- Aumenta la ingesta de verduras orgánicas, fruta, cereales integrales, proteínas bajas en grasas, aceite omega 3 (procedente del salmón, del aceite de semillas de lino o del aceite de pescado) e infusiones de hierbas.

- Reduce el consumo de azúcar, conservantes, sal, cafeína, alimentos de un alto índice glucémico y alimentos procesados.

- Consume verduras orgánicas, hervidas durante unos minutos, o ensalada para almorzar y para cenar.

- Cuando las comidas sean muy copiosas, toma tan solo media ración. Intenta consumir los alimentos que producen una mayor pesadez con moderación, despacio, saboreando cada bocado.

- Entre comidas toma fruta, verdura, frutos secos, semillas o yogur desnatado. Intenta que lo que tienes para picar en casa o en el trabajo sea saludable, y también lo que te lleves cuando salgas.

■ Cuando en el exterior hace frío, es muy relajante y nutritivo para el sistema nervioso de las PAS consumir platos calóricos, como sopas sustanciosas y guisos.

■ Adquiere algún libro con recetas deliciosas y saludables, y pide apoyo a la familia y a los amigos para poder seguir tu nueva dieta.

¡Programa de ejercicios para las PAS!

- Haz ejercicio con algún compañero para establecer una estructura de apoyo. Practica cerca de casa o del trabajo.

- Valora la posibilidad de comprar una máquina para hacer ejercicio y colócala en algún lugar de fácil acceso.

- Elige un ejercicio que te guste de verdad. Intenta con algún ejercicio suave, como caminar, hacer yoga o taichi, y evita entornos tensos como los gimnasios sobresaturados de estímulos o los deportes de equipo muy competitivos.

- Dosifica el ejercicio si quieres buenos resultados. No te agotes ni termines exhausto al final de cada sesión. Trabaja a un 50% de tu capacidad máxima.

- Recuerda que el ejercicio aeróbico regular te ayuda a evitar las enfermedades coronarias, disminuye tu tensión arterial, te ayuda a controlar el peso, hace amentar tu energía y tu alegría y rebaja tu estrés y tu depresión.

- Es mejor no hacer ejercicio después de las 7 de la tarde, porque podrías terminar padeciendo insomnio.

- Si te aburre hacer ejercicio, ponte los cascos y escucha CD interesantes. Mira un programa de televisión o un DVD que te inspire, o lee un libro o una revista mientras estés haciendo ejercicio con una máquina.

- Intenta hacer ejercicio de veinte a treinta minutos diarios (caminar por la naturaleza es excelente para las PAS).

- Consulta con un médico antes de iniciar una rutina de ejercicios.

Toma suplementos y hierbas

- Utiliza los resultados de las analíticas de los centros de análisis clínicos para informarte sobre los suplementos y las hierbas que más te convienen.

- Lee libros y entra en páginas web de médicos que practican la medicina holística de reconocida fama para decidir cuál es el mejor programa de suplementos y de hierbas para ti.

- Habla con la persona encargada del departamento de compras de tu tienda de productos naturales para saber la dosis, la marca y los posibles efectos secundarios de las hierbas y los suplementos nutricionales.

- Asegúrate de que las hierbas son frescas o cómpralas en forma de tinturas; su fecha de caducidad dura unos cinco años.

- Es preferible no tomar a diario dosis elevadas de diversas combinaciones de hierbas para combatir la ansiedad y el insomnio.

- Recuerda que vale más prevenir que curar.

- Consulta con tu médico antes de tomar hierbas y suplementos.

5

Se acabó el insomnio: un programa para dormir mejor

En este capítulo aprenderás que existe una relación entre la sobresaturación de estímulos y el sueño. Presentaré unas cuantas técnicas de relajación para reducir la sobresaturación de estímulos que ayudarán a las PAS, tanto si tienen problemas a la hora de dormir como si no.

La sobresaturación de estímulos y los problemas para conciliar el sueño

En mis investigaciones descubrí que muchas PAS en ocasiones tienen problemas para conciliar el sueño o para dormir de un tirón. Cuando estás sobreexcitado, cuesta mucho más dormirse. Según Elaine Aron: «A menudo la sobresaturación de estímulos es causa de insomnio en los niños» (2002). A las PAS también les resulta sumamente difícil dormirse con un ruido chirriante de fondo.

Hace unos años, una encuesta de Harris Interactive indicaba que el 50% de los adultos tenía problemas para dormir, y que el 15% de la población padecía insomnio crónico (Jacobs 1998). El insomne, en general, tiene un sistema nervioso central que se excita con facilidad y, en consecuencia, sus ondas cerebrales se activan con más rapidez. Por consiguiente, debido a la hipersensibilidad que presenta a los ruidos y a la dificultad que tiene para relajarse tras haber estado expuesto a una diversidad de estímulos, para la Persona Altamente Sensible a menudo representa un gran desafío conseguir dormir bien por la noche.

Un brote de insomnio que me duró veinte años

Recuerdo como si fuera ayer que empecé a tener problemas para conciliar el sueño cuando estudiaba quinto de Primaria. No solo era altamente sensible a los problemas que tenía en la escuela, y me pasaba la noche preocupado, sino que además no podía conciliar el sueño si mi padre miraba la televisión en la habitación de al lado o si oía hablar a mis padres. Como PAS, me ha resultado prácticamente imposible desconectarme de los ruidos exteriores. Además, a menudo me despertaba por la noche y tardaba mucho en volverme a dormir. La falta de sueño me generó un círculo vicioso, y me pasaba la noche preocupándome por si al día siguiente me encontraría bien. Total, me iba angustiando cada vez más y me ponía nerviosísimo.

Cuando empecé la secundaria me recetaron tranquilizantes para poder dormir. Durante toda la Secundaria y el Bachillerato tomaba pastillas para dormir tres veces por semana, y terminé volviéndome adicto psicológica y fisiológicamente a la medicación. Tenía que incrementar la dosis para poder conciliar el sueño y, como consecuencia, durante el día me costaba mucho funcionar porque me sentía fuera de combate. Este patrón de insomnio continuó repitiéndose durante veinte años. Y durante las noches que pasaba en vela sufría ataques de ansiedad, casi entraba en pánico, y no paraba de dar vueltas y más vueltas en la cama durante horas.

A los treinta años empecé a estudiar un doctorado en Psicología y me dediqué a la investigación en el campo del estrés y del insomnio. Durante este período hice cambios muy importantes en mi estilo de vida. Empecé a dejar de comportarme según la personalidad del tipo A, que siempre está sobresaturándose de estímulos, me ceñí a un programa de ejercicio adecuado a mi constitución, cambié de dieta, empecé a meditar a diario y a practicar diversas técnicas de relajación y me comporté de una manera distinta, de una forma más positiva, en lo que respectaba al tema del sueño.

El tiempo que he dedicado a la investigación y a la experimentación me ha permitido elaborar un programa para conciliar el sueño que funciona muy bien, y puedo decir con orgullo que ya no padezco insomnio. Normalmente me duermo al cabo de pocos minutos de haber apagado la luz, y solo un par de veces al año me cuesta un poco más conciliar el sueño, que además suele coincidir con el hecho de que estoy de viaje o inmerso en una situación de estrés sumamente difícil.

¿Cómo terminé con ese insomnio de pesadilla que duró veinte años y que pasé tomando píldoras para dormir y padeciendo ansiedad y miedo? ¿Cuál es el método que ha curado a tantos alumnos míos de padecer insomnio? Algunos estudiantes dicen que es por mi voz, que les aburre y hace que les entre sueño. Yo les digo a mis alumnos que, si suspenden mi curso sobre el insomnio, que eso no les haga perder el sueño. Y ahora, hablando en serio: he descubierto que cultivar el sentido del humor es un factor decisivo que a mí me ha servido para superar el insomnio. Cuando las PAS se ponen trascendentes en lo que respecta a su sensibilidad y a su insomnio, los retos que les plantea poder conciliar el sueño se magnifican. Sin embargo, risas aparte, este capítulo te aportará todos los conocimientos que adquirí durante los veinte años de lucha.

Nuestra cultura fomenta que tengamos problemas para conciliar el sueño

Si tu insomnio no se debe a causas fisiológicas, tu hipersensible sistema nervioso central probablemente sea el ingrediente más decisivo a la hora de impedir que descanses. El insomnio probablemente es el síntoma de que una PAS le está pidiendo peras al olmo, siendo la pera nuestro sistema nervioso central y el olmo esta sociedad tan plagada de estímulos. Cuanto más profundicemos en lo que provoca el insomnio a las PAS, mejor comprenderás la relación fundamental que existe entre intentar adaptarse a los usos y costumbres de un mundo que nos supera y el insomnio.

Hace cien años no era muy frecuente que las personas sufrieran de insomnio (Zeff 1999). No existían la rabia al volante ni la sobresaturación de estímulos que nos aporta la televisión, y tampoco existían los ordenadores. Nuestros bisabuelos no contemplaban desde la sala de estar la guerra que se había declarado esa semana con todo lujo de detalles a través de un medio de comunicación como es la televisión.

A principios del siglo xx, la mayoría de la población habitaba en ciudades pequeñas o en zonas rurales y vivía en sintonía con la paz y la armonía que nos aporta la naturaleza. Algo de cierto había en ese refrán que dice: «Acuéstate temprano, porque a quien madruga, Dios le ayuda», antes de que se inventara la electricidad. Compara el hecho de vivir en un entorno sereno y natural de hace 100 años a conducir en hora punta por cualquiera de nuestras grandes ciudades, y entenderás por qué el insomnio se ha convertido en algo endémico a nuestra sociedad. ¿Cómo vas a quedarte dormido sin más, si te has aclimatado a un entorno estresante en el que siempre estamos tensando los músculos de una manera crónica y la mente galopa al ritmo de los pensamientos más estimulantes?

Cuando vives en un estado crónico de tensión, las hormonas del estrés activan tu sistema nervioso central. Te acostumbras a tener los músculos tensos, al elevado ritmo cardíaco y a la tensión arterial, así como a tener una agudeza sensorial muy elevada. Todos estos factores favorecen el insomnio. Las investigaciones más recientes demuestran que las hormonas del estrés que se segregaban durante el día no disminuían de noche mientras dormíamos (Jacobs 1998).

El primer paso para hacer cambios y reducir nuestro insomnio es valorar los objetivos vitales. La PAS necesita realizar un esfuerzo concertado para crearse un estilo de vida que minimice el exceso de estímulos. Si dedicas un rato cada día a reflexionar sobre ti mismo, a valorar de qué manera puedes conseguir el objetivo de lograr la paz interior, tendrás claro dónde puedes hacer cambios positivos en tu vida, y comprenderás las razones que te motivan a permanecer atascado en un trabajo estresante o a aguantar una situación determinada en casa. Pero intenta recordar que, en este mundo sobresaturado de estímulos, estamos acostumbrados a la gratificación instantánea. Quizá lleves padeciendo insomnio desde hace tanto tiempo que necesites muchísima paciencia para terminar progresivamente con tus problemas para conciliar el sueño. Intenta no desanimarte si todavía te cuesta conciliar el sueño, aunque ya estés poniendo en práctica algunos de los consejos que te damos en este capítulo. Poco a poco, la calidad de tu sueño irá mejorando, sin duda alguna.

Las distintas fases del sueño

El sueño tiene cinco fases distintas: dos fases de sueño ligero, dos fases de sueño profundo y la fase del soñar. La primera fase marca la transición entre estar despierto y estar dormido. Lo que llamamos patrones de ondas cerebrales theta surge durante el sueño ligero, que es muy parecido a un estado de relajación profunda. La fase uno solo dura unos minutos. La fase dos, el sueño ligero, es la primera fase real del sueño. Las personas pasan la mitad de la noche en el sueño ligero de la fase dos (Jacobs 1998).

El sueño profundo (fases tres y cuatro) crea lo que llamamos los patrones de ondas cerebrales delta. El cuerpo descansa profundamente, y la tensión arterial y el ritmo cardíaco se encuentran en sus niveles más bajos. La fase de sueño profundo es la parte más importante del sueño. El sueño profundo se da sobre todo al comienzo de la noche, y mientras se está en esta fase de sueño profundo, el sistema inmune se activa. Sin embargo, las hormonas del estrés (como la epinefrina), secretadas a causa del exceso de estimulación a que uno se ve sometido a lo largo del día, pueden seguir liberándose en el cuerpo durante el sueño. Cuando no alcanzas las fases tres y cuatro durante la noche, la tendencia es que tu sistema inmune se vea desequilibrado (Jacobs 1998).

La fase REM (movimiento rápido ocular) fase del soñar es una fase más ligera del sueño, parecida a la vigilia. Aproximadamente, todas las noches pasamos por ciclos de sueño de cuarenta y nueve minutos en los que experimentamos las cuatro fases y el sueño REM. Durante la primera parte de la noche, los ciclos de sueño profundo son más largos y el sueño REM es mínimo, pero a medida que la noche avanza, las fases tres y cuatro disminuyen y el patrón del sueño REM aumenta.

Las investigaciones indican que basta con cinco horas y media de sueño profundo para funcionar correctamente durante el día, y menos de cinco horas también son suficientes si al día siguiente uno se echa una siesta (Jacobs 1998). Tras cinco horas y media de sueño, se completa el 100% de sueño profundo y el 50% del sueño REM. Las personas suelen despertarse cuando pasan de la fase REM al sueño ligero. Aunque te despiertes a las cuatro de la madrugada, si te has ido a dormir a las 10:30 ya ha concluido la parte fundamental del sueño profundo, y no te tiene que preocupar si te vuelves a dormir o no. Cuando a los pacientes con una depresión se les priva de vivir la fase del soñar, en realidad mejoran, porque soñar mucho fatiga emocional y físicamente. Los estudios demuestran que los pacientes que sufren una depresión mejoran si se levantan temprano, porque así se ahorran soñar demasiado (Jacobs 1998).

Si duermes entre cinco y seis horas podrás funcionar bien al día siguiente, pero quizá te sientas un poco cansado durante la jornada. Hay personas que son más creativas de noche. Thomas Edison trabajaba de noche y dormía unas cuantas horas por la mañana y otras tantas por la tarde. Ya verás que tampoco necesitamos dormir tanto como parece.

Cuando meditas o te relajas profundamente, tu cuerpo está experimentando lo mismo que cuando se sume en un sueño ligero. Si te cuesta dormirte y dedicas esos momentos a meditar o a practicar una relajación profunda, al día siguiente estarás más descansado. Esta es la razón de que muchas personas que meditan no necesiten dormir tanto. Además, durante la meditación, la secreción de hormonas del estrés disminuye (Zeff 1999). También disminuyen los ritmos cardíaco y respiratorio, y los músculos se relajan más.

Las investigaciones realizadas en las clínicas del sueño indican que la mayoría de personas que afirmaban no haber pegado ojo en toda la noche en realidad se habían pasado horas durmiendo (Jacobs 1998). Los individuos creían que estaban despiertos durante la fase de sueño ligero. Además, cuando la persona tiene estrés, el tiempo parece ir más despacio; por eso, el rato que pasas despierto de noche parece más largo. En un estudio realizado en la Clínica del Sueño de la Universidad de Stanford, 122 insomnes calcularon el rato que les llevó dormirse y se pasaron de media hora, y respecto al tiempo de sueño total se quedaron cortos y calcularon una hora menos (Jacobs 1998).

La cantidad de sueño que necesitamos varía en función de la persona. Tengo una amiga que se ha pasado toda la vida durmiendo tan solo cinco horas al día, y con esa cantidad de sueño funciona la mar de bien. Hay personas que necesitan nueve horas de sueño para sentirse descansadas. El cuerpo no siempre te pide la misma cantidad de sueño a lo largo de la vida. Y con frecuencia, cuando crees que has dormido lo suficiente, al día siguiente no te sientes tan cansado. Recuerdo un día que iba muy atareado y me sentía con mucha energía, aunque solo había dormido cinco horas la noche anterior. Cuando me puse a calcular el rato que había pasado durmiendo, me sentí agotado y me entraron ganas de acostarme.

Intenta irte a la cama y levantarte a la misma hora cada día. Si el domingo por la noche duermes hasta tarde, cuando llegue la hora de acostarte no tendrás sueño, y empezarás la semana con «el síndrome del insomne». Es tentador dormir hasta tarde o echarse una siesta durante el día, pero eso podría alterar tu sueño por las noches. Intenta no hacer siestas que duren más de treinta minutos. Sin embargo, es preferible echarte una siestecita en lugar de tomarte un café, porque eso mejorará tu productividad y tu estado de ánimo durante el día.

Las causas fisiológicas de los problemas del sueño

Es importante esclarecer las cuestiones de orden médico que pueden causar insomnio. Si te han dicho que parece que tomes aire a bocanadas por la noche y que roncas mucho y te despiertas cansado aunque, a tu manera de ver, hayas dormido mucho, es posible que padezcas apnea (Zeff 1999). Las personas que padecen apnea cuando duermen se despiertan, literalmente, centenares de veces durante la noche porque se les obstruye la respiración, pero no son conscientes de ello cuando se despiertan. Existen varios procedimientos bastante simples que pueden ponerse en práctica y que pueden servir de ayuda a las personas que sufren apnea del sueño.

Otro trastorno médico que puede crear dificultades en el sueño es el síndrome de las piernas inquietas (Zeff 1999). Se tiene una sensación tan desagradable en las piernas que, aunque uno esté acostado, no consigue quedarse quieto. El bruxismo, o el chirriar de dientes, también puede interferir en el sueño. Si sospechas que un trastorno médico interfiere en tu sueño, consúltalo con tu médico, porque puede enviarte a una clínica del sueño. Existen clínicas en todas las zonas metropolitanas importantes que pueden valorar si padeces un trastorno del sueño.

Otra consideración importante es determinar si estás tomando alguna medicación que pueda estar interfiriendo en tu sueño, bien porque te provoca insomnio por la noche por actuar como un estimulante, bien porque te deja grogui durante el día al sedarte. La medicación que se despacha sin receta también puede perturbar el sueño. Existen analgésicos que contienen cafeína, y algunos descongestionantes nasales y medicinas para el asma tienen un efecto estimulante (Jacobs 1998). Consulta con tu médico para descubrir los posibles efectos secundarios de la medicina que tomas, o de la combinación de medicamentos que estés tomando en este momento. También te iría bien consultar con el farmacéutico. Yo recomiendo a la gente mayor que consulte con un geriatra, que está más informado de los efectos secundarios que tienen las medicinas para los ancianos. Y, si te apetece, también puedes consultar cuáles son los efectos secundarios de los medicamentos en la biblioteca de tu barrio o por Internet.

Los somníferos y los preparados de hierbas

Una serie de estudios científicos demuestran que un tratamiento conductista para vencer el insomnio es más eficaz que un enfoque farmacológico. Según los National Institutes of Health (Institutos Nacionales de la Salud) y el *New England Journal of Medicine*, el insomnio debería tratarse con un enfoque conductista y sin ayuda farmacológica (Jacobs 1998). Los somníferos van perdiendo eficacia si se usan habitualmente, y pueden provocar muchos efectos secundarios. En la década de 1970 los somníferos fueron la medicación más recetada en todo el mundo. Y siguen generando unas ventas anuales de 400 millones de dólares. Los somníferos que se recetan con más frecuencia son las benzodiazepinas, que son más seguras que los barbitúricos, los antiguos somníferos. Las benzodiazepinas de corta vida (el tiempo que tarda el cuerpo en romperlas y eliminarlas), en general, no crean somnolencia al día siguiente. La vida media de Stilnox es de una hora y media a cuatro horas y media, mientras que el Valium tarda entre dos y cinco días en expulsarse del cuerpo (Jacobs 1998).

Según el doctor Andrew Weil, si estás pasando por un gran trauma, es adecuado que te tomes un sedante durante unas cuantas noches (1995). Ahora bien, tomarlo cada noche por sistema no es una buena idea. Todos los sedantes causan problemas. Deprimen la función del sistema nervioso central y pueden terminar por crear una adicción psicológica y fisiológica, por eliminar la fase REM (la actividad de soñar) y por dejarte grogui durante el día. Incluso puede terminar siendo necesario aumentar las dosis debido a que generan tolerancia.

Sin embargo, si ya estás tomando medicación para dormir de manera habitual, no te preocupes. Si enfocas el tratamiento del sueño de manera holística, como explicamos en este capítulo, tu calidad de sueño irá mejorando. Los pacientes deberían abandonar los somníferos bajo la atenta supervisión de un médico. Te iría bien empezar una rutina en la que puedas rebajar la dosis normal a la mitad durante una noche a la semana (elige la que te resulte más fácil para conciliar el sueño). Y luego, progresivamente, ve limitando las dosis de las otras noches. Confiarás más en ti mismo cuando empieces a aprender a conciliar el sueño sin recurrir a la medicación.

Muchas personas comentan que les va muy bien tomar de vez en cuando un preparado de hierbas que contenga raíz de valeriana, pasiflora o escutelaria. Otras dicen que les van muy bien los minerales como el calcio y el magnesio, que provocan un efecto relajante en el sistema nervioso. Sin embargo, si tomas hierbas cada noche, tu cuerpo puede desarrollar tolerancia frente a ellas, como ocurre con los somníferos, y quizá necesites incrementar la dosis. Revisa el capítulo 4, que trata de los suplementos y las hierbas, si deseas más información al respecto.

Prepárate para irte a dormir

Es importante que te prepares para irte a dormir. Después de todo, no tiene mucho sentido pasar de ese momento del día en que estamos despiertos a meternos en la cama y esperar a que nos venga el sueño. Sin embargo, eso es lo que hacemos la mayoría de personas. A continuación detallo varias estrategias para que puedas pasar del estado de alerta de la vigilia a la tranquilidad que te permite conciliar el sueño.

El relax consciente

Meditar, relajarte progresivamente (visualizando cómo se relajan tus músculos) o escuchar un CD de relajación durante aproximadamente veinte minutos antes de acostarte te ayudará a paliar los problemas que tienes para conciliar el sueño y logrará que aquietes la mente y relajes el cuerpo. Además, si haces meditaciones y relajaciones profundas a lo largo del día conseguirás secretar menos hormonas del estrés durante la noche, y eso te ayudará a conciliar mejor el sueño. Está muy bien practicar la relajación profunda o la meditación durante unos veinte minutos un par de veces al día, e incluso meditar unos minutos cada hora, tarea que te servirá para que disminuya tu nivel de estrés. Si te parece, puedes animar a los miembros de tu familia a que mediten contigo por la noche. La meditación también contribuye a hacer más llevaderos los conflictos familiares que surjan de noche. Una familia que medita junta no necesita tanta intermediación entre sus miembros.

Acostarse pronto

El momento óptimo de ir a la cama para la mayoría de las PAS es antes de las diez de la noche. Según Deepak Chopra, es más fácil conciliar el sueño antes de las diez de la noche a causa de los biorritmos naturales del día (1994). ¿No te ha pasado nunca que al anochecer te entra sueño y a media noche te sientes despejado? Así como las flores cierran los pétalos al anochecer y los animales diurnos se van a dormir un poco antes de que se ponga el sol, a la mayoría de la gente le resulta más natural dormirse antes de las diez (Lad 1984). Si te acuestas aproximadamente a medianoche, o incluso más tarde, intenta irte a la cama quince minutos antes cada semana, y al cabo de unos meses, cuando te acuestes, será más o menos a las diez. Es indudable que hay personas cuyos horarios les impiden acostarse pronto, pero tú haz lo que esté en tu mano. Prueba a acostarte más temprano durante una semana, y fíjate si así te cuesta menos conciliar el sueño.

Sin tiempo, no hay problemas

Una de las reglas más importantes que habría que seguir para limitar los problemas a la hora de conciliar el sueño es no mirar nunca el reloj ni el despertador después de las ocho de la tarde (Zeff 1999). Muchos alumnos míos han conseguido eliminar completamente su patrón insomne siguiendo esta regla tan simple. La mente necesita un enganche negativo para perpetuar los problemas de insomnio, y una de las mejores señales para perpetuar un trastorno del sueño es mirar el despertador y preocuparnos por si vamos a poder dormir lo suficiente. ¿Cómo vas a conciliar el sueño si le vas dando estímulos a tu mente preocupándote por la hora que es? Esconde el despertador y el reloj en un lugar donde no puedas mirarlos. También puede ayudarte a dejar de comportarte como si siempre estuvieras presionado por el tiempo ir sin reloj o mirar con frecuencia el reloj durante el día.

Alan, un PAS casado de treinta y pico de años, padecía insomnio, trastorno que se le agravaba porque actuaba como si siempre la apremiara el tiempo. Alan me contó que llegaba a casa temblando de rabia cada vez que pillaba un embotellamiento en la autovía en hora punta. Había entrado en una espiral y caía en barrena: consideraba que el tiempo y los conductores que se cruzaba en la carretera eran enemigos. Le aconsejé que no se pusiera el reloj, y que evitara mirar la hora en casa y en el coche. También le propuse que pasara más tiempo contemplando la belleza intemporal de la naturaleza. A la semana siguiente, Alan y su esposa entraron en clase sonriendo, en un estado de profunda paz interior. Alan no solo había dejado de ponerse el reloj, sino que además había ido al parque natural de Yosemite a pasar un largo fin de semana en el que tanto él como su esposa no consultaron el reloj ni una sola vez durante los tres días que estuvieron allí. Alan refirió que nunca había experimentado un estado de paz y de alegría tan profundos en toda su vida… Como no tenía que preocuparse del tiempo, y al encontrarse en un entorno de profunda calma, la ansiedad y el insomnio de Alan se convirtieron en una pura bendición.

Desconectarse de los medios de comunicación

Por la noche es mejor no ver programas de televisión ni películas que estimulen los sentidos. Cuando ves las noticias de la noche, estás invitando al asesino de turno a penetrar en tu conciencia justo unos momentos antes de irte a dormir, y de eso a que te canten una nana hay años luz. Es importante saber discriminar bien cuando mires la televisión. Y no olvides que tienes que quitar el volumen durante los anuncios para que tu sistema nervioso no se vea sometido a altos niveles de excitación. Aprovecha esa pausa para meditar y buscar la paz interior, en lugar de exponerte a la miríada de deseos sensoriales que los anuncios intentan venderte.

Tengo una amiga PAS que no ve películas, y tampoco ve la televisión, desde que descubrió que la mayoría de los programas contienen una dosis de violencia gratuita que la angustia y le provoca pesadillas. Sin embargo, como todos reaccionamos de manera distinta a los estímulos que recibimos de los medios de comunicación, es importante crearse un estilo de vida equilibrado que vaya acorde a nuestra personalidad. Una de mis estudiantes me dijo un día que la única manera que tenía de poder dormirse por la noche era mirando la televisión. Lo cierto era que a ella, en concreto, la televisión le procuraba una cierta sensación de bienestar, pero este enfoque puede ser bastante contraproducente para la mayoría de las PAS.

Problemas con la pareja

Si tu pareja no para de moverse mientras duerme o ronca muy alto y perturba gravemente tu sueño, considera comprar dos camas individuales o incluso dormir en habitaciones separadas. Si tu compañero no es una persona sensible que se duerme tan pronto como apoya la cabeza en la almohada, tienes que ayudarle a que entienda que para ti es muy importante crear un entorno de silencio para conseguir dormir por la noche. Os iría bien consultar con algún terapeuta de parejas si no lográis llegar a un acuerdo que funcione bien para los dos.

Desconecta del día

Después de las ocho o de la nueve de la noche baja el volumen del contestador, apaga el móvil, la televisión y el ordenador y deja que pase el día. Leer en una tableta, en un lector electrónico, en un portátil o en un teléfono inteligente en la cama antes de dormir dificulta conciliar el sueño, lo que afecta tu desempeño al día siguiente. Según un estudio del Brigham and Women's Hospital de Boston, la luz que emana de las pantallas de estos dispositivos no solo afecta la somnolencia; además, reduce los niveles de melatonina. Como ya mencioné en el capítulo 2, que trataba de las distintas técnicas que existen para limitar la sobresaturación de estímulos, tu rutina nocturna debería consistir en realizar actividades relajantes, como, por ejemplo, leer libros que te enriquezcan espiritualmente, meditar o escribir. No te enzarces en discusiones intensas a última hora de la noche. Como ya dije en el capítulo 3, por la noche date un masaje con aceites medicinales o toma un baño al que le hayas añadido unas cuantas gotas de aceite esencial de lavanda.

Si ves que no paras de darle vueltas a un problema determinado, dedica una hora, si es necesario, a escribir todas las soluciones que se te ocurran para terminar con el dilema. Así te darás cuenta de que pasar más tiempo del debido pensando en tu situación no te ayudará ni un ápice a solucionar tu problema. Así que lo mejor es que abandones. Y, finalmente, resérvate un tiempo para anotar todo aquello por lo que deberías dar las gracias en tu vida (Zeff 1999). Te resultará más fácil dormirte con todos estos pensamientos alegres rondándote por la cabeza.

Transforma tu dormitorio en un útero materno

Para limitar los estímulos, tu dormitorio debería ser un espacio tranquilo, oscuro y seguro. Como las PAS se sobresaltan con facilidad, necesitas ampararte en la seguridad de tu dormitorio para prever cualquier posible peligro. Si ves un coche desconocido que se pasea por delante de tu casa, tu sistema nervioso central es capaz de llegar a excitarse con facilidad. Te iría bien intentar dormir en una habitación que esté situada en la parte trasera de la casa para limitar los estímulos que comporta el jaleo de la calle. Cuando te registres en un hotel o en un motel, pide siempre una habitación silenciosa que esté alejada de la calle.

En *El don de la sensibilidad en la infancia*, Elaine Aron describía que su hijo pequeño dormía mejor bajo una tienda que se había hecho con mantas, acurrucado debajo, sin luz y con poco ruido (Aron 2002). Lo que Elaine Aron describió era un entorno seguro, parecido al útero materno, y eso también podría ayudar a una PAS a conciliar el sueño.

Una estudiante altamente sensible me dijo un día que no se sentía segura en su dormitorio debido a una serie de robos que habían ocurrido en su vecindario. Aunque instaló una alarma antirrobo y varios sistemas de seguridad, le seguía costando mucho dormirse. Dada la sensibilidad que presentaba ante los peligros potenciales, era incapaz de relajarse y no podía dormir. Al final se mudó a otra casa de un barrio más seguro, y su insomnio prácticamente desapareció.

La sensación de serenidad aumenta si se usan colores suaves y cálidos como el blanco, el azul claro y el verde pálido. Si se ponen cuadros deberían ser alegres; por ejemplo, paisajes inspirados en la naturaleza, como *Los nenúfares*, de Monet. A propósito, Monet pintó sus murales de nenúfares recreando el magnífico jardín de flores que tenía en Giverny para brindar un remanso de paz a los franceses, desgarrados tras la Primera Guerra Mundial (Murray 1997). Las plantas y las flores en el dormitorio te ayudarán a crear un entorno sereno y enriquecedor.

Es más fácil dormirse si no pasamos demasiado calor. La expresión «hace demasiado calor para poder dormir» se refiere a que, cuando hace muchísimo calor, el cuerpo no logra enfriarse lo suficiente para conciliar el sueño. Intenta mantener la temperatura de tu dormitorio sobre los diecinueve grados, o quizá menos aún (Zeff 1999). Si tienes frío, siempre puedes echarte alguna manta por encima. Te irá muy bien darte un baño caliente por la noche (que relaje profundamente la musculatura), porque la temperatura corporal desciende rápidamente cuando nos sumergimos en agua caliente.

Si tienes demasiado calor, úntate la piel con aceite de coco (que es el más refrescante) o bebe agua con lima. Un ejercicio de yoga, el *sheetali pranayama,* enfría todo el cuerpo (Zeff 1999). Se hace enrollando la lengua como si fuera un cilindro y respirando profundamente con el abdomen cogiendo aire por la boca.

Algunos de mis alumnos que son PAS me han contado que con frío les cuesta mucho dormir. Sienten que les entra miedo y ansiedad, y en consecuencia prefieren las estaciones más cálidas. A veces los climas fríos pueden hacer que te sientas menos protegido, y en cambio un clima más cálido puede tener un efecto relajante sobre tu sistema nervioso. Si vives en un clima frío, es importante que te mantengas caliente en invierno.

Crea una habitación silenciosa y oscura

El ruido es uno de los retos más difíciles que se les presentan a las PAS, y podría llegar a interferir en la calidad del sueño nocturno. ¿Has vivido alguna situación similar a la siguiente? Imagina que llevas varias horas reduciendo la estimulación a partir de un baño, de la meditación o de la lectura de un libro espiritual que te enriquezca. Tienes tanto sueño que apenas alcanzas a alargar el brazo para apagar la luz; y justo cuando entras en la fase del sueño ligero, el perro del vecino empieza a soltar sus feroces ladridos, sobresalta tu sistema nervioso y te despiertas con una sensación de alarma. Otra posible situación es que los vecinos del piso de arriba ponen la música a todo trapo y empiezan a bailar estrepitosamente mientras tú estás intentando quedarte dormido. Al margen de hablar con tus vecinos o trasladarte de dormitorio (o, si la situación es desesperada, incluso cambiarte de casa), ¿qué puedes hacer con la contaminación acústica que te impide descansar bien por las noches?

Una máquina de ruido blanco colocada estratégicamente cerca de tu cabeza te ayudará a sofocar los ruidos que te sobresaltan, porque tu mente se centra de manera subconsciente en ese sonido constante. El zumbido relajante de un ventilador, de un aire acondicionado o de un purificador de ambiente también disfrazan los sonidos perturbadores. Las máquinas de sonido reproducen sonidos distintos procedentes de la naturaleza, como, por ejemplo, el agua de un río. Ahora bien, dudo mucho que para una PAS el sonido del canalón del agua de la lluvia amenizado por el retumbar intermitente de los truenos sea una experiencia relajante.

Otro método eficaz para sofocar el ruido es ponerse unos tapones para los oídos. Los de cera reducen los ruidos en veintidós decibelios, mientras que los de espuma, en general, los reducen en veintinueve. Hay personas que no consideran eficaces los tapones de espuma para los oídos porque a veces les cuesta mucho sellarlos en la oreja. Hay que seguir cuidadosamente las instrucciones para insertar bien los tapones. Además, hay personas con canales auditivos que no se adaptan a los tapones de espuma.

Como ya mencioné en el capítulo 3, unos cascos que sofoquen los sonidos, y que son los que usan los obreros de la construcción, van muy bien para paliar los ruidos. Consiguen reducirlos en unos veintidós decibelios, y se venden en las ferreterías. A pesar de que a la mayoría de la gente le cuesta mucho dormir con unos cascos puestos, una alumna me dijo un día que se durmió mirando al techo y, una vez dormida, se quitó los cascos instintivamente para girar de lado.

Un audiólogo puede diseñarte unos tapones a medida para los oídos que reduzcan el ruido en veintinueve decibelios. La ventaja de los tapones diseñados especialmente es que encajan muy bien en el canal auditivo. A veces tendrás que volver a moldear tus tapones habituales si no te resultan cómodos. Y si de verdad quieres desconectar de los ruidos más estridentes, intenta taparte las orejas con un casco y con los tapones de los oídos puestos.

La sensibilidad a la luz también puede interferir en el sueño. A veces tan solo una pequeña cantidad de luz que se filtre a través de las rendijas de la puerta de un dormitorio a oscuras es suficiente estímulo para mantenerte despierto. Puedes tapar las rendijas. Te irá bien comprar unos cortinajes que impidan que entre la luz de la calle o de la luna llena.

Es mejor no exponerse a una luz intensa antes de ir a dormir. La luz puede ser la causante de que nos desvelemos. De todos modos, es importante que te expongas a la luz del sol o a alguna otra fuente de luz interior cuando te levantes por la mañana (Zeff 1999). La luz interrumpe la producción de melatonina, la hormona que nos ayuda a dormir, y además permite que nos sintamos despiertos por la mañana.

También puedes adquirir un antifaz que te resulte cómodo. Algunos llevan cascos incorporados. Si eres capaz de tolerar una luz piloto, es mejor enchufar una que encender una lámpara que proyecte una luz intensa para ir al baño. Es menos estimulante. Exponerte a la intensidad de la luz puede hacer que te cueste mucho más volver a dormirte. Sin embargo, asegúrate de tener junto a la cama una luz de lectura que sea accesible, para que cuando te sientas adormilado no tengas que levantarte a apagar la luz. Si no quieres despertarte por la noche con dolor de espalda, tendrías que dormir en una cama que sea cómoda. Una alumna me dijo un día que por la noche se despertaba continuamente con dolor de espalda. Sin embargo, el día en que se compró un colchón firme, empezó a dormir mejor, y por las mañanas se levantaba sin sentir dolor.

El ejercicio y la dieta afectan a la calidad del sueño

Como ya vimos en el capítulo anterior, practicar ejercicio con regularidad reduce la ansiedad, porque el cuerpo libera endorfinas, que en realidad reducen el estrés. Si has pasado todo el día sentado frente al ordenador, de noche quizá te sientas inquieto y tengas ganas de ir arriba y abajo, cuando en realidad tendrías que sentirte cansado físicamente y listo para ir a dormir. La falta de ejercicio físico también puede contribuir al insomnio porque inhibe los cambios de temperatura corporales que experimentamos a diario (Jacobs 1998). El ejercicio hace que aumente la temperatura corporal; y luego, tres horas después, disminuye, lo que propicia el sueño. No es bueno hacer ejercicio de noche porque el cuerpo necesita esas tres horas para enfriarse. Si quieres practicar ejercicio al anochecer, pasea o haz algunas posturas de yoga.

Lena, una PAS veinteañera soltera, era una apasionada del baile. Por desgracia, las clases de baile y los ensayos casi siempre eran de noche. Lena siempre se quejaba, porque quería irse a dormir a medianoche y no paraba de dar vueltas y más vueltas durante horas, aunque se sintiera físicamente exhausta. ¿Cómo iba a conciliar el sueño a medianoche después de tal sobresaturación de estímulos y de que su temperatura corporal aumentara? Lena se encontró en un dilema, porque se negaba a abandonar sus clases habituales de baile. Es curioso, pero muchas personas que no son altamente sensibles podrían caer rendidas de sueño después de haber participado en actividades sobresaturadas de estímulos. Como Lena se negaba a abandonar el baile, le propuse que considerara la posibilidad de practicar su afición a última hora de la tarde o justo antes de anochecer. De todos modos, si continuaba con su rutina habitual seguiría teniendo problemas para dormir. A propósito, no creo que la canción «I Could Have Danced All Night» la escribiera una PAS.

Es muy bueno tomar una cena ligera, y mejor aún reservar los alimentos muy condimentados para almorzar en lugar de hacerlo para cenar. Como tardamos de dos a tres horas en digerir una comida, las cenas a altas horas de la noche podrían contribuir a nuestro insomnio. Tomar algunos carbohidratos complejos, como un trozo de pan de germinados o unas galletas crujientes de centeno antes de irte a acostar, hacen aumentar la serotonina, un neurotransmisor cerebral que es inductor del sueño. De todos modos, el consumo de proteínas podría inhibir el sueño al bloquear la síntesis de la serotonina (Jacobs 1998).

Los alimentos templados y húmedos pueden contribuir a favorecer el sueño. Esta clase de dieta es nutricia y calmante, sobre todo en invierno. Una PAS que intentó seguir una dieta basada en alimentos crudos me dijo que, nada más empezar, se dio cuenta dc que le costaba mucho más conciliar el sueño. Cuando volvió a su dieta de alimentos cocinados, me contó que se sentía más tranquila y dormía mejor. Mi consejo es que tomes más verduras cocidas en invierno y, en verano, te dediques más a las ensaladas.

Tomar leche templada con nuez moscada una hora antes de acostarte te ayudará a conciliar el sueño. La nuez moscada tiene propiedades naturales que son relajantes (Frawley 1989). Además, beber una infusión de hierbas (como manzanilla) por la noche puede relajar el sistema nervioso. Minimizar el uso de la cafeína (café, te negro, chocolate y refrescos) puede reducir la estimulación y procurarte dulces sueños.

Dos actividades, finalmente, que pueden interferir en la calidad del sueño es fumar, que es un estimulante, y beber alcohol. A pesar de que tomarse una copa de vino durante la cena, en general, no nos influye negativamente, e incluso puede llegar a tener un efecto relajante, es importante controlar los efectos de la ingesta de alcohol. Tomar varias copas de alcohol puede actuar como un calmante para ciertas personas sensibles, pero también puede provocar que nuestro sueño sea más ligero y nos sintamos más inquietos.

Reformula tu forma de pensar sobre el sueño

Una de las normas más importantes para que mejore la calidad de tu sueño es tener una actitud positiva. Los pensamientos negativos sobre la calidad de nuestro sueño pueden convertirse en una de esas profecías que se cumplen y aumentar nuestro insomnio. Tienes que reformular los pensamientos negativos sobre el sueño y convertirlos en positivos. A menudo sucede que esos pensamientos terribles sobre los problemas que tenemos a la hora de dormirnos ni siquiera son verdad.

Durante los veinte años en que he padecido insomnio nunca he dejado de recordar el momento en que me despertaba de noche, presa de la ansiedad y preocupado por no haber podido conciliar el sueño. Y cada noche recreaba esa misma situación y propiciaba todavía más mi insomnio, porque tenía pensamientos pesimistas. Por desgracia, durante todos esos años en que no podía dormir no comprendía que mis pensamientos negativos eran lo que creaba en mí una reacción fisiológica estresante. ¿Cómo iba a quedarme dormido cuando esos pensamientos de temor aumentaban mi ritmo cardíaco, me subían la tensión, me ponían la musculatura tensa y me hacían respirar entrecortadamente?

A continuación recopilo unos cuantos ejemplos de pensamientos negativos que crean insomnio, seguidos de otros pensamientos positivos que pueden ayudarte a conciliar el sueño.

- «Mañana tengo que conducir varias horas, y no voy a ser capaz si no duermo bien. ¿Y si me quedo dormido al volante y tengo un accidente? ¡Ya sé…! Lo arreglaré tomando un café, pero, claro, luego estaré nervioso y mañana por la noche no podré dormir.»

  «Siempre y cuando consiga dormir cinco horas y media, no tendré problemas para conducir. Además, siempre puedo echarme una siesta si me entra el sueño; me irá bien para mantenerme en alerta. No intentaré dormirme a toda costa. Meditaré y relajaré la musculatura respirando despacio y profundamente. Como la meditación equivale a un sueño ligero, mañana me sentiré bien.»

- «¡Oh, no…! Seguro que llevo mucho rato despierto. Mi vecino ya ha apagado las luces, y sé que se acuesta pasada la medianoche… Me parece que esta noche me va a costar mucho dormirme. Mañana no voy a estar bien en el trabajo.»

«Tengo mucho tiempo para conciliar el sueño. Ha habido noches en que he dormido muchísimo menos y al día siguiente no tuve ningún problema. No necesito ocho horas de sueño para funcionar bien. Repetiré el mantra «paz». Eso siempre funciona cuando quiero tranquilizarme. Luego creo que me entretendré leyendo un libro. Eso también me relaja. Y cuando me sienta amodorrado, ya conciliaré el sueño.»

Hay personas que se crean problemas a la hora de dormir recurriendo a toda esa cháchara negativa que se dedica al tiempo. Por ejemplo:

- «¡Vaya! Ya es medianoche y todavía no me he metido en la cama. Me meto deprisa en la cama porque necesito dormir suficientes horas.» (¿Te metes deprisa a la cama cuando lo que quieres es relajarte…? ¡Algo no está bien!)

- «¡Oh, no! Son las dos de la madrugada y todavía no me he dormido. Y ahora acaban de dar las tres y media; tengo que levantarme dentro de unas horas y no he dormido nada. ¿Qué voy a hacer?»

- «Espero volver a dormirme. Me pregunto qué hora será. ¡Oh, no! Las dos de la madrugada: eso significa que solo he dormido tres horas. Como no vuelva a conciliar el sueño, estaré frito.»

Siempre estás a tiempo de abandonar tu discurso negativo sobre las horas de sueño. De hecho, como ya te vas a la cama a las diez, lo único que tienes que decirte a ti mismo, sencillamente, es que dispones de muchas horas para relajarte acostado, y que te queda tiempo para dormir el número de horas necesario. De hecho, tu objetivo no es conciliar el sueño de forma inmediata, sino pasar un rato disfrutando de la relajación antes de conciliar el sueño gracias a la meditación o a la lectura. Como no miras el despertador, una afirmación positiva que puedes hacer es: «Como todavía es temprano, me queda mucho tiempo antes de dormirme».

Si te despiertas durante la noche diciéndote: «Me parece que ya está amaneciendo; y probablemente ya debo de haber dormido mis horas centrales de sueño, que son cinco y media. ¡Qué más da si me vuelvo a dormir o no! Voy a disfrutar de esta relajación un rato», en el caso de que te despiertes por la noche, te conviene concentrarte en el sueño que acabas de disfrutar en lugar de pensar en tus problemas cotidianos o en si no eres capaz de volver a conciliar el sueño.

Nunca te acuestes haciendo cálculos sobre las horas que vas a dormir. Si una noche ves que llevas un buen rato dando vueltas en la cama sin poder dormir, es mejor que te levantes y no intentes conciliar el sueño metido en la cama. Puedes ponerte a leer o a meditar acostado durante aproximadamente una hora. Sin embargo, si al cabo de un rato no te ha entrado la modorra, quizá es porque asocias la cama al hecho de estar despierto, y eso podría ser contraproducente. Llegados a este punto, lo mejor es levantarse y ponerse a leer, a meditar o a escuchar un CD de música relajante hasta que te entre el sueño.

Cuento de dos ciudades indias: una PAS en la carretera

Os hablaré de una de las mejores y de las peores épocas que pasé en la India. Durante mi primer viaje pequé de ingenuo y no tomé precauciones para combatir el insomnio. Viajar de por sí ya crea insomnio debido a que somos sensibles a los cambios, a la abundancia de estímulos y al *jet lag*. Como hacía muchos años que no tenía problemas para dormir, ni siquiera lo pensé, y la primera vez que fui a la India no me llevé nada, ni siquiera unas hierbas o algún medicamento alopático.

Cuando llegué a Madrás, después de pasar más de treinta y cinco horas viajando, tenía *jet lag* y estaba agobiado por la sobresaturación de estímulos que te asalta cuando llegas a un país del tercer mundo. Todos mis sentidos entraron en estado de *shock*, literalmente. Para ahorrar dinero, mi amiga y yo habíamos decidido hospedarnos en un hotel que figuraba en la guía como de precio moderado y estilo hindú. Era tarde, muy entrada la noche ya, nuestro taxi se había marchado y decidí quedarme con la habitación prácticamente a ciegas. Mientras recorría un pasillo estrecho y mal iluminado, quedé horrorizado al comprobar que el dormitorio daba a la calle más concurrida de Madrás. Una costumbre hindú bastante curiosa es que los conductores llevan la mano pegada al claxon todo el día. La cacofonía de ruidos chirriantes me puso los pelos de punta. Los Ángeles es como un soplo de aire fresco comparado con la contaminación acústica de las grandes ciudades de la India.

Por desgracia, el aire acondicionado de esa inhóspita habitación no funcionaba, y la única manera de sobrevivir a los 37 °C de calor húmedo era abriendo la ventana descascarillada, desvencijada y sucia del dormitorio. Las sábanas manchadas y deshilachadas y el hedor de orina que emanaba del baño no ayudaron precisamente a relajar mi sentido olfativo. Queda claro pues que ese lugar no era un entorno seguro, tranquilo, fresco y relajante para mí. A pesar de que mi amiga, que no era una Persona Altamente Sensible, durmió como un bebé esa noche aciaga, lamento decir que yo no paré de despertarla buscando refugio en ella para superar mi ansiedad, que casi rozaba el pánico. Me sentí morir, y sentí como si me hubieran condenado a ir al infierno de las PAS. Literalmente, es la peor noche que he pasado en toda mi vida.

Trece años después hice un segundo viaje a la India. En esa ocasión mi amiga y yo elegimos volar con destino a una ciudad más pequeña y evitar las ruidosas y contaminadas grandes urbes. Nada más llegar nos instalamos en un silencioso complejo que había junto a la playa, a unos pocos kilómetros del aeropuerto. Decidí que bien valía darnos un capricho, y la primera noche nos alojamos en un hotel caro y cómodo. Inspeccioné la habitación a fondo con la intención de pedir otra si en esta no reinaba el debido silencio. El dormitorio era precioso, había un excelente aire acondicionado y, además, daba a la playa.

En ese segundo viaje me llevé mi medicación alopática y de fitoterapia para dormir, además de aceites relajantes, un casco para amortiguar el ruido, tapones para los oídos, auriculares para oír música y un antifaz. Como mi sistema nervioso estaba crispado por el *jet lag* y el exceso de estímulos que había recibido durante un viaje tan largo, me tomé una dosis mínima de un somnífero alopático al acostarme. Lo siguiente que recuerdo fue la luz del sol levantándose por el mar de Arabia e inundando mi habitación. Como ya me había tomado mi remedio homeopático en el avión para minimizar el *jet lag*, esa primera mañana me desperté rebosante de energía y alegría, listo para explorar el fascinante mundo al que acababa de llegar.

No tuve que seguir tomando medicamentos alopáticos durante el resto del viaje, y aunque a veces había mucho ruido, el casco y los tapones para los oídos amortiguaron los sonidos más perturbadores. Al aplicarme aceites relajantes y tomarme algunas hierbas de noche de vez en cuando, dormí sin problemas durante todo el mes que duró nuestra estancia en la India. Mi experiencia de ese viaje tan bien había preparado fue maravillosa.

Como ejemplifica mi historia, es importante que cuides bien de ti mismo al viajar, y recuerda que no debes sentirte culpable si necesitas remedios especiales. Si te invitan a casa de alguien, coméntale a tu anfitrión cuáles son tus necesidades especiales antes de salir de casa. Es mejor organizar bien las cosas a la hora de dormir que aguantar una situación insostenible. Como durante mi primer viaje a la India, tu pareja y tus amigos, si no son PAS, pueden dormir sin problemas en las condiciones más incómodas. Cuando planifiques las cosas de antemano, tanto tú como esos familiares y amigos que no son PAS os alegraréis de haberlo hecho. De todos modos, no vayas a planificarlo todo como si fueras un hipocondríaco preocupado por preveer todo aquello que podría salir mal. Si pasas la noche en casa de tu nueva novia, no tienes por qué imitar a ese personaje de Woody Allen que llena un par de maletas con medicinas. Pon lo justo en el neceser para sentirte cómodo.

Es posible que acuses el *jet lag* con más intensidad que las personas que no son altamente sensibles. La mayoría de mis alumnos me dijeron que tomarse el remedio homeopático

No Jet Lag (que se vende en tiendas de productos naturales) les ayudó a minimizar sus efectos. Hay personas que también dicen que la melatonina les ha dado buenos resultados. Si el *jet lag* te provoca insomnio, esta es una de esas raras ocasiones en que es aconsejable tomar una pequeña dosis de algún somnífero que no sea muy fuerte. En el vuelo de ida, asegúrate de beber líquido en cantidad, intenta permanecer despierto en el avión cuando te hayas situado en la zona horaria de tu nuevo destino y duerme o medita cuando allí sea de noche. No duermas de día, cuando llegues a la nueva zona horaria. Asegúrate de disponer del tiempo suficiente para relajarte durante los primeros días que pases en la nueva localidad. Con estos consejos tan simples, tu viaje será memorable; eso, ni lo dudes.

Minimiza tus problemas para dormir

- Revisa tu estilo de vida, y considera lo que puedes hacer para rebajar el estrés.

- Descarta cualquier cualquier patología (como la apnea del sueño) o medicamento que sea la causa de tu insomnio.

- Veinte minutos antes de acostarte medita, haz respiraciones profundas hinchando el abdomen, relájate progresivamente o ponte un CD de relajación.

- Intenta irte a la cama antes de las diez de la noche.

- No mires el despertador después de las ocho o de las nueve de la noche.

- Lo mejor es no ver programas de televisión estimulantes por la noche ni enzarzarse en discusiones acaloradas. Dedica la tarde a leer libros que te llenen, a escribir, a meditar o a entablar conversaciones sosegadas.

- Da un paseo en silencio por la naturaleza en algún momento del día.

- Haz ejercicio aeróbico durante treinta minutos al menos tres veces por semana. De noche no hagas ejercicio.

- Cena ligero, y hazlo temprano; evita los alimentos especiados para cenar. Consumir alimentos que contengan fécula como el pan de germinados antes de acostarte puede potenciar los neurotransmisores sedativos.

- Una hora antes de acostarte puedes tomar una infusión que te relaje: manzanilla, o un poco de leche templada con nuez moscada.

- Toma un baño con unas cuantas gotas de aceite esencial de lavanda o aplícate aceites relajantes en la piel o en la frente antes de acostarte.

- De vez en cuando puedes recurrir a unas hierbas relajantes una hora antes de acostarte, como la pasiflora o el lúpulo.

- Asegúrate de que en tu dormitorio reina el silencio y la oscuridad, y que la temperatura es fresca. La habitación debería ser un lugar que te dé seguridad y te aporte plenitud.

- Sigue una rutina habitual al acostarte y al levantarte, y hazlo a la misma hora cada día de la semana.

- Desarrolla un actitud positiva sobre el sueño. Reformula todas las frases negativas sobre el sueño y conviértelas en afirmaciones positivas.

- Viajar puede plantearte ciertos desafíos a la hora de conciliar el sueño; por eso has de contar con recursos para poder dormir.

- Dicho lo cual, solo me queda desearte... ¡felices sueños!

6

Las relaciones armoniosas para las PAS

En los capítulos anteriores hemos hablado de distintos métodos para reducir la sobresaturación de estímulos que nos provoca la vida diaria y de cómo estos estímulos afectan a la calidad de nuestro sueño. Ahora vamos a investigar por qué el hecho de ser una Persona Altamente Sensible influye en tus relaciones, y también vamos a aprender técnicas para fomentar las relaciones positivas con todos los seres sensibles.

La sensibilidad y las relaciones

Como PAS, a veces quizá tiendes a reaccionar con susceptibilidad al estado de ánimo y al comportamiento de los demás, y a menudo lo haces con un talante negativo. El 40% de las Personas Altamente Sensibles que han tenido una infancia dura tienden a relacionarse con las personas desde una posición de temor (Aron 2001). En el libro *El don de la sensibilidad en el amor*, Elaine

Aron describe de manera sucinta el comportamiento de la Persona Altamente Sensible en las relaciones íntimas (2001). En esta investigación fundamental, que realizó a partir de una muestra de más de mil personas, descubrió que, cuando se enamoran, las PAS viven la relación con más intensidad que las que no son altamente sensibles como ellas. Destaca en su estudio que el 70% de las PAS son introvertidas y tímidas, y especula sobre si la timidez no será una estrategia para limitar la estimulación que les aportan sus relaciones.

La doctora Aron describió que hay personas (PAS y no PAS) que buscan sensaciones extremas, y que se divierten con actividades estimulantes, corren riesgos y se aburren con facilidad (2001). Las relaciones pueden verse comprometidas cuando una PAS que necesita sensaciones de baja intensidad se casa con una persona que no lo es, y que además es amante de las sensaciones extremas. La PAS en este caso se divierte en casa y en silencio, o bien en soledad, mientras que la persona que no es altamente sensible se aburre con este estilo de vida y siempre anda a la búsqueda de actividades estimulantes. En la obra que la doctora Aron escribió sobre las relaciones de las PAS, destaca que tanto las PAS como las que no lo son tienen necesidad de aprender a comprometerse para que la relación tenga éxito. Los dos miembros de la pareja tienen que crear niveles óptimos de excitación para que la relación funcione, y también tienen que recurrir a soluciones creativas. Aron también pone de relieve la importancia de que las parejas aprendan a aceptar sus diferencias en lugar de echarse la culpa por tener temperamentos distintos.

Ahora bien, las PAS que tienen una relación con otras PAS también ven cómo se les plantean ciertos retos (Aron 2001). Ambos miembros de la pareja pueden llegar a pasar demasiado tiempo en soledad y reaccionar con demasiada susceptibilidad a la sensibilidad del otro. Las parejas de PAS necesitan buscar más estímulos en sus vidas forzándose a salir más, porque una relación se enriquece mucho participando de nuevas y excitantes aventuras. Ahora bien, las parejas de PAS han de procurar no pasar demasiado tiempo centradas en los problemas de los estímulos que se les presentan cuando salen fuera. Por ejemplo, mi amiga Nandita, que es una PAS, y yo somos muy compatibles cuando viajamos, porque ella también insiste en elegir un lugar tranquilo para alojarnos y aborrece el ruido. Sin embargo, cuando viajamos a la India, país sobresaturado de estímulos, pasamos una desmesurada cantidad de tiempo hablando de lo ruidoso que era el entorno. De tanto centrarnos en las preocupaciones que ambos compartimos, llegamos a perdernos algunas de las vistas más espectaculares de la India.

Las parejas formadas por dos PAS necesitan gestionar sus diferencias de temperamento si no desean que surjan graves problemas entre las dos. La PAS que no se esfuerza en encontrar soluciones creativas en sus relaciones puede terminar empantanada en los conflictos cotidianos no solo con su pareja, sino también con otras personas que forman parte de esta cultura que no está pensada para las PAS.

Los cambios fisiológicos que resultan de enfadarse

Cuando te enfadas con alguien, el cuerpo experimenta ciertos cambios químicos. Cuando sientes resentimiento e irritabilidad, las hormonas del estrés activan el sistema nervioso central y terminas acostumbrándote a vivir con una mayor tensión muscular, un ritmo cardíaco más acelerado y una tensión arterial alta. Por si fuera poco, existe una hormona del estrés llamada catecolamina (una hormona parecida a la adrenalina) que se libera durante los ataques de rabia. Cuando experimentas la rabia y la irritación de una manera crónica durante el día, se libera un exceso de cortisol, una hormona que aumenta la inquietud, y desciende la serotonina, que es la que te relaja (Bhat 1995). Un exceso de catecolamina puede crear ansiedad, temor y miedo. Además, la catecolamina aumenta el ritmo del corazón y puede causar problemas cardíacos. Un exceso de cortisol nos lleva a vivir en un estado de vigilancia excesivo y a tener la mente inquieta. Te sobresaltas a la mínima de una manera exagerada, los sonidos te suenan más altos de lo que son en realidad y las luces son demasiado intensas. Si la rabia y la irritabilidad son crónicas, los bajos niveles de serotonina hacen que resulte más difícil sentirse feliz y realizado, y eso puede conducir a una depresión. Simultáneamente, las endorfinas que crean una sensación de alegría, literalmente, se secan, y eso provoca que nuestras relaciones con los demás sean poco satisfactorias.

Cuando permites que las personas «insensibles», por decirlo de alguna manera, te alteren lo único que consigues es hacerte daño a ti mismo. Porque esas otras personas a lo mejor ni siquiera saben que te has enfadado con ellas. Una de las mayores ventajas de ser una PAS es la capacidad que tenemos de sentir profunda compasión. Puedes recurrir a tu amabilidad innata para abrir tu corazón a personas groseras y superar los resentimientos. El Buda dijo que recurrir al odio para reaccionar contra el odio solo nos lleva a una escalada de odios. Mahatma Gandhi afirmó que, si aplicáramos la ley que dice que hay que pagar ojo por ojo y diente por diente, el mundo entero estaría ciego y desdentado. Es decir, abre tu compasivo corazón de PAS para sanar tus relaciones.

El siguiente ejercicio es muy simple y puede transformar perfectamente los sentimientos destructivos del odio en sentimientos de amor.

La visualización centrada en el corazón

Piensa en una experiencia reciente en la que te hayan herido y hayas reaccionado montando en cólera. ¿Has centrado tu atención en la cabeza o en el corazón? Ahora respira hondo y despacio, hinchando el vientre… Céntrate en el aire que llena tu abdomen y exhala despacio… Ahora centra tu conciencia en la mano izquierda…, el codo izquierdo…, el hombro izquierdo…, el lado izquierdo del pecho y el corazón… Siente que tu corazón se expande de amor… Siente profundamente la paz y la armonía en la quietud y la calma de estar centrado en tu corazón… A continuación visualiza una experiencia positiva que hayas tenido con esa misma persona… ¿Cómo te hizo sentir? Date tiempo, todo el que necesites, para visualizar sus muchas virtudes.. Y pregúntate, ¿puedes deshacerte de la rabia?… ¿Vas a deshacerte de la rabia?… ¿Cuándo vas a deshacerte de la rabia?… El corazón solo conoce el amor y siempre se deshará del odio… Sigue centrándote en el corazón hasta que te hayas desprendido de toda la rabia… Cuando te hayas desprendido de esa rabia, habrás cambiado tu marco referencial y ya no estarás situado en los juicios que emite tu cabeza, sino en ese amor que se centra en el corazón y se preocupa por el otro.

La próxima vez que te enfades con alguna persona con quien tengas una relación, intenta usar esta visualización tan efectiva que está centrada en el corazón (Bhat 1995) y date cuenta de que podéis solucionar vuestras desavenencias rápidamente.

Resolución de conflictos para PAS

En este apartado aprenderás numerosos métodos para resolver los conflictos con los demás. Mientras leas este apartado ve anotando las técnicas que intuitivamente sientes que te van a servir de ayuda. Cuando empieces a aplicar estos consejos, te darás cuenta de que tu sensibilidad, en realidad, puede ayudarte a crear relaciones más armoniosas.

Programa de meditación a realizar una vez a la semana

Un método para mejorar las relaciones que muchos de mis alumnos han puesto en práctica es lo que yo llamo «el programa de meditación de una vez a la semana» (Zeff 1999). Los dos miembros de la pareja acceden a no entablar discusiones sobre temas contenciosos durante toda la semana. Cuando las personas se pelean a diario, la relación empieza a deteriorarse. Si el asunto de que se trata no puede resolverse de inmediato, la pareja debería quedar en algún momento de la semana para debatir el problema. Elige un momento en el que los dos os sintáis relajados y sin la presión de los horarios; por ejemplo, una tarde durante el fin de semana. Esa semana puedes ir anotando todo lo que te preocupa sobre la otra persona. Si escribes acerca de tus sentimientos, ni estarás reprimiendo tus emociones ni propiciarás una escalada del conflicto atascándote en una batalla verbal diaria.

A los dos os iría muy bien meditar o respirar despacio y hondo antes de discutir sobre un tema controvertido. Empieza la sesión diciéndole a la otra persona por qué la valoras. Los dos tenéis que acceder a hablar en un tono suave, porque las PAS no reaccionan bien a los ruidos ni a los gritos. Durante la sesión de meditación, dile a tu compañera o compañero cómo te *sientes,* en lugar de enumerar todo lo que esa persona hace mal porque actúa de una manera diferente a ti o porque su temperamento es distinto. Intenta ver la situación desde la perspectiva de la otra persona y mantente abierto al compromiso. Si aun así seguís sin poder resolver el problema, vale más que consultéis con un terapeuta.

Una pausa de cinco segundos

En el capítulo 3 hablamos de la «pausa de cinco segundos», que es una técnica para limitar las discusiones demasiado estimulantes (Zeff 1999). Los dos miembros de la pareja acceden a hacer una pausa de cinco segundos antes de responder. Es preciso que le recuerdes a la otra persona que la PAS necesita más tiempo para procesar la información. Es muy difícil que el conflicto vaya en escalada cuando las dos partes acceden a esperar cinco segundos antes de responder.

Nancy, una PAS treintañera casada, me contó que ella y su marido Rick, que no es altamente sensible, discuten encarnizadamente y terminan echándose la culpa el uno al otro. Las discusiones van subiendo de tono hasta que Nancy suele terminar marchándose al dormitorio y encerrándose en él para encontrar alivio después de un intercambio de palabras tan sobresaturado de estímulos. Su relación lleva años deteriorándose, y Nancy se ha dado cuenta de que sus dos hijos adolescentes sufren al ser testigos de tanta pelea diaria.

Nancy me dijo que al principio a Rick no le apetecía esperar cinco segundos antes de responder cuando empezaban una pelea. Sin embargo, al final le comentó que haría cualquier cosa para minimizar la tensión que había en casa. Nancy contó que, la primera vez que pusieron en práctica la técnica, se dieron cuenta de que su discusión era banal. Y al cabo de un tiempo de poner en práctica esas largas pausas, terminaban echándose a reír. Este proceso es una herramienta muy eficaz para conservar la armonía en una relación: es la pausa que revitaliza a la PAS.

La disculpa del 1%

Otro método que he recomendado muchas veces para mitigar los desacuerdos se llama «la disculpa del 1%» (Zeff 1999). En todo conflicto siempre hay dos versiones de una misma historia. Asume la responsabilidad que tienes en la discusión, aunque creas que solo es el 1% del problema, y, sencillamente, discúlpate. La expresión de remordimiento le da a la otra persona la posibilidad de abrirse y disculparse a su vez por el papel que ha desempeñado en la discusión. Ahora bien, aunque tú hayas tenido que tragarte tu orgullo y la otra persona no se haya disculpado, te has creado una paz mental al abrir tu corazón, sin culpar a nadie, y al asumir la responsabilidad de tus propias acciones.

Recuerdo un día en que un colega mío, que no es una PAS, empezó a chillarme por haber llegado con cinco minutos de retraso a una cita. Me estuvo lanzando improperios sobre la importancia de la puntualidad y me dijo que mi tardanza había arruinado su proyecto experimental. Como PAS, me hirió mucho su brusca explosión, y empecé a fantasear sobre las maneras en que habría podido impedir someterme a la conducta grosera de esa persona. Tomé la determinación de que nunca más volvería a trabajar con ese colega.

Sin embargo, al día siguiente decidí disculparme por haber llegado unos minutos tarde a la cita. Mi colega se disculpó al instante por haber reaccionado con tanto ímpetu, y me dijo que había tenido un día muy duro. Si yo no me hubiera disculpado por esa pequeña parte de responsabilidad que tuve ante el conflicto, nuestra asociación profesional podría haber concluido y la tensión entre ambos habría escalado.

El silencio es oro, y hablar puede deslustrar el metal

Dado que una PAS se siente más en paz en un entorno silencioso, es importante que limitemos la cantidad de tiempo que pasamos hablando de manera intrascendente. Estar en silencio con otra persona también minimiza la posibilidad de que estallen conflictos interpersonales. Como mencioné en el capítulo 2, practicar el silencio no es para la tímida y silenciosa PAS, sino para los que tienden a la locuacidad. Hablar en exceso puede acabar alterando tu sistema nervioso si siempre tienes que estar dando tu opinión o defendiéndote. Además, hablar de más puede disminuir tu nivel de energía. Es importante que elijas las palabras con cuidado para evitar caer en la sobresaturación de estímulos.

Guardar silencio mientras se está en grupo puede ser muy beneficioso. Te sentirás más en paz cuando calles mientras te encuentras reunido en grandes grupos porque no tendrás que estar constantemente expresando tus opiniones, haciendo preguntas innecesarias o hablando de ti mismo. Si te muestras introvertido estando en grupo, este ejercicio no es para ti. No uses el silencio como una excusa para evitar el contacto interpersonal, porque el objetivo es conseguir vivir de una manera equilibrada.

Allison creció en una familia numerosa con cinco hermanos, chicos y chicas, y una noche me dijo después de clase que tenía miedo de su familia por el constante ruido y las perennes discusiones que siempre había. Allison terminaba, invariablemente, metida en las peleas y los problemas familiares y abandonaba el lugar agotada y angustiada. Le propuse que, sencillamente, intentara quedarse en silencio la próxima vez que celebraran algo, la cena del día de Acción de Gracias, que se hacía en casa de sus padres. Unas semanas después Allison me dijo que por primera vez se había marchado de una reunión familiar sintiéndose en paz. Les había dicho a sus familiares que les quería mucho, pero que no tenía ganas de hablar demasiado. Nadie se puso en su contra, porque ella no reaccionaba, y así se sintió verdaderamente segura en una reunión familiar por primera vez. Al principio puede que te cueste mucho el hecho de estar en silencio y rodeado de personas, pero, como te sientes más alegre durante estos interludios silenciosos, tendrás ganas de integrar esta costumbre a más áreas de tu vida. Sería buena idea que pidieras a tu familia y a tus amigos que te recuerden que debes estar en silencio para que este ejercicio dé sus frutos.

Introducción a las prácticas de asertividad para las PAS

Dado que nuestra agresiva sociedad valora las conductas que no son altamente sensibles, una PAS tiene que aprender a poner límites y a expresar su opinión en voz alta. Por desgracia, muchas PAS son tímidas y se sienten incómodas cuando tienen que afirmar lo que quieren. Es posible que a lo largo de la vida te hayan dicho que ser sensible era un problema, y que ahora padezcas en silencio o intentes controlar tu entorno evitando las situaciones difíciles. Sin embargo, si reprimes tus sentimientos puedes sentir enfado, aislamiento y depresión. Cuando practiques la asertividad desde una posición amorosa, puedes hacer cambios positivos en todas tus relaciones. La otra persona quizá no sea consciente de que su comportamiento te irrita. Si la persona que tienes sentada detrás de ti en el avión lleva media hora dando pataditas a tu respaldo y tú esperas pacientemente a que deje de hacerlo, al final terminarás por reaccionar exageradamente cuando le pidas que deje de hacer eso tan molesto.

Es muy útil conectar personalmente con alguien antes de pedirle que cambie de actitud. En algunas situaciones puede resultar conveniente comentarle a esa persona que tienes un sistema nervioso muy sensible antes de pedirle que cambie de comportamiento.

Hace unos meses tuve que pedirle a un vecino que fuera más silencioso. Vivo en un edificio en el que las puertas tienden a cerrarse de golpe y con gran estrépito. Empecé preguntándole cómo le había ido el día de Acción de Gracias y cuáles eran sus planes para Navidad. Luego le expliqué que tenía un sistema nervioso tan sensible que me hacía muy sensible a los ruidos. A continuación, le dije que valoraría mucho que cerrara la puerta con más delicadeza cuando saliera del piso. Y terminé agradeciéndole que hubiera sido tan amable conmigo, y preguntándole si podía ayudarle de alguna otra manera.

En este caso en concreto, el vecino accedió a mi petición, y mi vida terminó siendo mucho más tranquila. Sin embargo, a veces puede ser que tengas que tratar con personas menos complacientes a las que les sienta mal que alguien les diga que tienen que cerrar la puerta con más delicadeza. Tendrás que encontrar soluciones creativas, como por ejemplo prestarte a instalarle algún tipo de mecanismo que impida que la puerta se cierre de golpe y porrazo.

De todos modos, si la persona reacciona con hostilidad, vas a tener que cambiar tu estilo de vida e incorporar alguna máquina de ruido blanco en casa o pasar menos tiempo en la habitación más ruidosa del piso. En última instancia, valora si no te convendría más mudarte en el caso de que no puedas resolver la situación. Hace muchos años, mi vecino se iba de casa dando un gran portazo, y la puerta caía justo debajo de mi dormitorio. Salía a las cuatro de la mañana para irse a trabajar, y yo me despertaba sobresaltado. Intenté negociar varias veces y sin ningún éxito con el inquilino y con el casero, y al final solucioné el problema durmiendo en la sala de estar y convirtiendo mi dormitorio en un despacho.

Una estudiante que también es una PAS, Patricia, mencionó que a veces es más prudente rendirse a los inconvenientes temporales e insignificantes que mostrarse muy asertivo. Cuando Patricia iba al cine, a veces las personas que se sentaban delante de ella se ponían a hablar. Tenía una cierta experiencia, y sabía que a veces las personas que hablan mucho en las películas tienden a reaccionar a la defensiva cuando se les pide que guarden silencio. Además, le daba un cierto apuro la confrontación, aunque fuera amable, con gente un tanto belicosa. Patricia no les pidió de inmediato que se callaran, sino que decidió esperar a ver si la charla se diluía. La conversación fue yendo a menos, y Patricia decidió no pedirles a esas personas que guardaran silencio. Mencionó que se podría haber cambiado de butaca si el ruido se volvía intolerable, o que podría haber ido a quejarse al gerente porque en la sala no paraban de hacer ruido.

La asertividad centrada en el corazón

Para potenciar tu capacidad de expresarte, te iría bien asistir a algún taller de asertividad, hablar del tema con un terapeuta o hacer un juego de roles con algún amigo. Intenta practicar la siguiente visualización guiada antes de afirmar lo que deseas:

Respira despacio y profundamente con el abdomen durante unos momentos... Centra tu atención en el corazón... Visualiza que le dices a la persona que te está molestando lo que quieres de todo corazón... Date cuenta de que la persona no es consciente de que su conducta te afecta... Si tienes una relación con esta persona, imagina que le dices que tienes un sistema nervioso muy fino... Y luego visualiza que le estás pidiendo que cambie de conducta... Y observa cómo esta persona está haciendo ese cambio positivo...

Cuando nos mostramos asertivos desde el amor y sin emitir juicios, podemos afirmar casi con toda probabilidad que haremos cambios positivos en nuestra vida.

El perdón: la clave para la paz interior

Muchos grandes maestros han dicho que el perdón es la clave para gozar de una buena salud física y emocional. ¿Cómo vas a tener salud y ser feliz si permaneces anclado en la rabia y en la culpa (Hay 1987)? Si echas la culpa a otra persona, te conviertes en una víctima, y las víctimas no pueden estar sanas ni física ni emocionalmente. Louise Hay, autora de *Usted puede sanar su vida*, escribió que, literalmente, las células de tu cuerpo llegan a consumirse por el resentimiento (1987). Cuando perdonas a los demás, te liberas y te otorgas el mayor regalo que existe: la paz y la alegría. A la gente le cuesta mucho perdonar a los demás cuando creen fervientemente en la filosofía atávica del ojo por ojo y diente por diente. Cuando perdonas a otra persona, no estás aprobando su mal comportamiento, sino que te estás liberando tú. Además, todos hacen lo que pueden y lo que saben en ese momento en concreto.

Ellen, una PAS alumna mía, me dijo que había sentido mucha rabia cuando su marido se divorció de ella y, debido a su sensibilidad, estuvo anclada en un sentimiento de depresión y rabia durante mucho tiempo. Sin embargo, después de practicar cada día unos cuantos ejercicios específicos sobre el perdón, y de hacerlo durante varios meses, al final pudo liberarse de la rabia que sentía por su exmarido y terminó encontrándose mucho mejor.

Además, también es más fácil perdonar a las personas que nos hieren cuando somos capaces de sentir empatía por alguien que está tan trastornado que tiene ganas de hacerle mucho daño a otra persona. Me he dado cuenta de que a veces las personas son incapaces de perdonar porque no quieren ceder a la necesidad que tienen de que las maltraten. A veces las PAS que fueron humilladas de pequeñas no quieren desprenderse de su dolor emocional porque se sienten muy vinculadas a él y ya se han acostumbrado. Recuerda que, cuando estás desequilibrado, puedes tender a ansiar sentir más dolor emocional, y eso puede generar una falta de armonía en tus relaciones. Como el dolor emocional no puede sobrevivir simultáneamente a un estado de alegría, si elegimos poner en práctica técnicas como el perdón, las relaciones con las personas de nuestro entorno mejorarán.

Sanar la poca autoestima

Quizá no te resultaría tan necesario perdonar si pudieras tener menos conflictos o relacionarte con menos personas insensibles en tu vida. Una forma de atraer menos personas insensibles y de ayudarte a gestionar mejor el trato con las que te rodean es lograr que aumente tu autoestima. Louise Hay ha escrito que, si repites la afirmación «Me amo y me valoro tal y como soy» quinientas veces al día, podrás sanar tus relaciones interpersonales (1987). Dado que la sensación de incompetencia se basa en la creencia de que no somos lo bastante buenos, cuando dices que eres perfecto exactamente tal y como eres, tu autoestima aumenta. Como PAS que eres, te habrán dicho muchas veces que vales poco porque no estás a la altura del falso sistema de valores que es tan ajeno a las PAS. Como aquel disco que retransmite lo que está grabado, los pensamientos que albergas y las palabras que dices refuerzan tus creencias y te ayudan a crear el futuro (Hay 1987). Cuando afirmas constantemente que te amas y te valoras exactamente como eres, demostrarás tener más confianza en ti mismo y tus relaciones con los demás mejorarán.

Hace muchos años lo intenté, y empecé a repetir esta afirmación de autoaceptación. Me miraba cada día al espejo y afirmaba: «Me amo y me valoro tal y como soy» centenares de veces. Cuando iba en coche, conduciendo, volvía a repetirla y sonreía a la gente que pasaba junto a mí por la autopista. Incluso repetía la afirmación cuando jugaba a baloncesto, sobre todo cuando fallaba un lanzamiento. Al cabo de unas cuantas semanas de haber estado repitiendo la afirmación, mi vida empezó a mejorar. Mis relaciones con los demás fueron mejores, la confianza que tengo en mí mismo aumentó y empecé a aceptar mi sensibilidad.

Explora tus pensamientos

Cuando las PAS se ven enzarzadas en batallas estériles y luchan contra la realidad de tener que vivir en un mundo que no está pensado para ellas, el estrés y la tensión van en aumento. ¿Te has dado cuenta de que cuando te enfadas suele ser porque no estás dispuesto a aceptar la realidad? Byron Katie, autora de *Amar lo que es: cuatro preguntas que pueden cambiar tu vida*, ha creado un método simple pero eficaz de autoanalizarse que fomenta la creación de relaciones armoniosas (2002). Recomienda analizar los juicios que establecemos sobre los demás haciéndonos cuatro preguntas: ¿Es verdad? ¿Puedo saber en realidad lo que es verdadero? ¿Cómo reacciono cuando me creo un pensamiento negativo sobre alguien y a lo mejor ni siquiera es cierto? ¿Cómo trataría yo a esa persona si abandonara esa creencia, que no deja de ser un juicio? El paso final es darle la vuelta a la ecuación substituyendo el nombre de la persona que te inspira resentimiento por el tuyo propio. Por ejemplo: «Mi marido debería entenderme» se convierte en «Soy yo quien debería entender a mi marido».

Mediante este proceso puedes aprender que en realidad no conoces a nadie nuevo, sino que siempre estás repitiendo la misma historia con todas las personas que conoces. A eso lo llamamos proyección, el fenómeno psicológico de atribuir tus propias cualidades, sean positivas o negativas, a los demás. A causa de esta proyección, cuando te amas a ti mismo, amas al mundo entero, y cuando te odias, odias al mundo también. Cuando te sientes bien contigo mismo, tus relaciones mejoran, pero cuando tu autoestima es baja, la tensión interpersonal que experimentas es mayor.

Tu autoestima mejoraría si te dieras cuenta de que cuando te juzgan por ser sensible, tú no tienes nada que ver en todo eso. La opinión que los demás tengan de ti en realidad no te compete, porque lo que sencillamente está ocurriendo es que proyectan sus juicios sobre ti. Del mismo modo, cuando te enfadas con otra persona, eso tiene más que ver con tu propio sistema de creencias que con la conducta de la otra persona.

Cuando llegas a controlar esa característica de ti que no te gusta en los demás, puedes abandonar las críticas. Jessica, una PAS alumna mía de cincuenta y tantos años, le contó a la clase que una colega de su trabajo le pegó una bronca un día porque se había equivocado en el proyecto en el que estaban trabajando juntas. Jessica nos dijo que estaba tan enfadada con su colega que contó a toda la gente del despacho lo mal que se había portado con ella. Se obsesionó tanto con el comportamiento de esa colega que no paraba de pensar mal de ella. Cuando analizó sus pensamientos y sus actos, sin embargo, Jessica se dio cuenta de que su colega se había enfurecido con ella una sola vez, mientras que Jessica había mostrado la rabia que sentía por su colega miles de veces. Su sorpresa fue mayúscula cuando se dio cuenta de que estaba repitiendo el mismo patrón de comportamiento hostil que tanto detestaba en su colega.

Como PAS es prudente que no nos anticipemos formando juicios de las personas que no son altamente sensibles como nosotros. Por ejemplo, en una ocasión alquilé un coche en Manhattan. El agente que me atendió parecía una persona sin escrúpulos. Me exigió, con un tono de voz muy desagradable: «¿Me va a dar una tarjeta de crédito o no?» Iba dando caladas a un cigarro puro que olía muy mal, y además añadió: «Sin tarjeta de crédito, no hay alquiler que valga». Luego se puso a gritarle a otro cliente: «¡Ya te he dicho que aparques el coche en la calle, que aquí, ni hablar!»

Me habían dicho que las compañías pequeñas de alquiler de automóviles de Nueva York les tomaban el pelo a sus clientes, y pensé que ese agente intentaría cobrarme por la cara un día de más de alquiler. Durante el viaje de regreso a Manhattan, que duró cuatro horas, iba visualizando distintas maneras de enfrentarme a ese administrativo deshonesto. A cada kilómetro que avanzaba, me iba enfureciendo más la audacia del agente que estaba intentando robarme el dinero. Cuando aparqué en la zona reservada, estaba preparado para pelearme. Entré en la oficina, y ese mismo vendedor insensible que tenía el puro en la boca levantó la mirada y me preguntó si todo había ido bien. Comprobó el estado del coche y los kilómetros rodados y, sorprendentemente, me dio las gracias mientras me entregaba la factura con el número de días de alquiler correcto. ¿Cómo? ¿Sin pelearnos? Me quedé asombrado cuando me di cuenta de que me había montado una película que no era cierta. Las mentiras que habían surgido en mi mente fueron los únicos aspectos fraudulentos que hubo en esa transacción de alquiler (Zeff 2002). Quizá debería comprarme una calcomanía que dijera: «No te creas tus pensamientos».

Tu sensible sistema nervioso es el que provoca que reacciones con demasiado ímpetu a los comentarios que te duelen, pero es tu mente la que perpetúa el sentimiento de frustración. Si ves problemas potenciales por todas partes, eres como alguien que está en una habitación a oscuras y lucha contra su propia sombra. Pero cuando al final enciendes la luz, te das cuenta de que allí no hay nadie más, y de que estabas luchando contigo mismo.

Sé testigo de tus propios pensamientos

Tal y como acabamos de explicar, identificarse con los pensamientos que albergamos puede contribuir a que haya más problemas entre las personas. Si puedes distanciarte y observar los pensamientos y las emociones en lugar de reaccionar de inmediato, tus relaciones serán más armoniosas. Cuando veas que te estás obsesionando porque alguien te ha hecho daño, sencillamente, distánciate un poco y observa lo que estás pensando. Fíjate en que tu mente, o el ego, sigue juzgando a los demás, y que eso provoca más sufrimiento emocional y dolor tanto a ti como a la otra persona (Tolle 1999). Si dejas de participar activamente en el conflicto que se genera dentro de tu mente, pregúntate cuál va a ser tu siguiente pensamiento. Y cuando surja ese pensamiento, pregúntate cuál va a ser el siguiente. A medida que empieces a observar los pensamientos desfilando ante ti sin aferrarte a ellos, empezarás a darte cuenta de que eres algo más que esa miríada de pensamientos negativos que atraviesan acelerados tu mente.

Si observas tus pensamientos en el momento presente, puedes abandonar el remordimiento que te genera el pasado y las preocupaciones que te depara el futuro (Tolle 1999). El ego o la mente prospera con el conflicto para sobrevivir. El dolor emocional necesita alimentarse para seguir creciendo, y los pensamientos negativos son precisamente ese alimento que necesita para volverse más fuerte. Sin embargo, cuando empiezas a escuchar profundamente y de manera consciente un pensamiento negativo en el momento presente, el pensamiento doloroso desaparece y pierde su poder. Has dejado de darle energía a tu mente al identificarte con ella. Los pensamientos negativos *no pueden* seguir creciendo si te centras en el momento presente (Tolle 1999).

Cuando permanecemos centrados en el momento presente, el dolor emocional se evapora. Janice, una PAS cincuentona, llevaba muchos años meditando. Un día comentó en clase que tuvo un altercado en el trabajo (es profesora a jornada parcial en una escuela) y que permanecer centrada en el presente la ayudó mucho. El director de la escuela le dijo que, debido a que ese año se habían matriculado más alumnos, debía dar más clases por el mismo salario. Janice se sintió impotente y se enfadó muchísimo, porque el director se mostró inflexible. Esa misma tarde, al final de la jornada, se quedó sentada a su mesa obsesionándose de manera inconsciente con su problema y preocupándose por cómo llegaría a cubrir los gastos económicos a final de mes. De repente, miró por la ventana y vio las radiantes hojas amarillentas que caían de un magnífico roble en ese frío y claro día de otoño. Janice se puso a contemplar la radiante luz del sol que se filtraba por la ventana antes de anochecer. Cerró los ojos y empezó a centrarse en las distintas partes de su cuerpo mientras sentía que una energía que la llenaba de paz fluía a través de su cuerpo. Cuando le sobrevenía un pensamiento pesimista sobre su problema, se limitaba a observar ese pensamiento negativo sobre el pasado o el futuro y regresaba al presente. Luego abrió los ojos y saboreó la belleza del paisaje natural que podía verse a través de su ventana. Mientras permanecía en el momento presente, todo el sufrimiento emocional que padecía por sus problemas laborales, sencillamente, desapareció.

A pesar de que la mente constantemente libera pensamientos pesimistas de manera incesante sobre el pasado y el futuro, tenemos un poder interior que siempre es capaz de disolver la negatividad y experimentar la bendición del presente. Cuando te sorprendas pensando en una relación dolorosa que mantienes con alguien, limítate a observar si estás en el pasado o en el futuro. Observa tu resistencia a deshacerte del dolor y tu apego a él. Fíjate en que, tan pronto como te centres en el momento presente, el dolor se disuelve y te sientes en paz.

La escucha activa disminuye el dolor

Con frecuencia, cuando hay hostilidad en una relación, ninguna de las dos partes en realidad escucha a la otra persona. En lugar de escuchar, estás pensando en cómo vas a afrontar el sufrimiento emocional que sientes. Y es posible que no oigas ni una sola palabra de lo que está diciéndote la parte presuntamente ofensora porque estás esperando la oportunidad de poder expresar tu dolor.

Cuando escuchas activamente a la otra persona, el conflicto, por lo general, desaparece. La próxima vez que discutas con alguien haz el experimento siguiente: centra toda tu atención en la persona con quien estás hablando unos cinco minutos, sin opinar ni compartir con ella tus experiencias personales. Sencillamente, considera el sentimiento o el contenido de lo que la otra persona te está diciendo desde el cariño que pueda albergar tu corazón. Escucha asimismo las necesidades más profundas que se ocultan tras las palabras para sintonizar de verdad con lo que la persona desea.

La escucha activa le resultará falsa a la otra persona si la practicas como una técnica sin preocuparte de verdad por lo que la otra persona está diciendo. Cuando empecé a trabajar de terapeuta familiar, consideré mecánicamente lo que un paciente adolescente me estaba contando durante nuestras sesiones. Al final, el chico se levantó y se marchó de la consulta, no sin antes decirme que si volvía a hablarle como un loro, no regresaría. Sin embargo, si escuchas de verdad y consideras lo que la otra persona está diciendo, la discusión suele darse por terminada, porque en realidad todos queremos que nos escuchen. También es muy provechoso pedirle a la otra persona que te escuche con atención, y eso te ayudará a sentirte valorado.

Observa la cantidad de veces que hablas de ti en lugar de prestar atención a lo que la otra persona dice durante una conversación. Cuando te centras en ti mismo, puedes generar emociones negativas que pueden terminar estropeando tus relaciones interpersonales. Las emociones negativas de autocomplacencia en realidad provocan el aumento de las hormonas del estrés. Sin embargo, cuando de verdad te interesa escuchar a la otra persona, secretas endorfinas y llegas a conseguir la paz interior. Por consiguiente, cuanto más tiempo pases escuchando de verdad a los demás, tus relaciones mejorarán y te sentirás mejor tanto emocional como físicamente.

Como PAS, quizá no te resulte fácil escuchar detenidamente a la otra persona si te ha hecho daño. Ahora bien, si permaneces tranquila y centrada en lugar de mostrarte reactiva, será más fácil resolver un problema. Si interrumpes a la otra persona o reaccionas de manera temperamental, la escalada de la discusión o del conflicto solo aumentará. La próxima vez que te sientas herida durante una discusión, detente y céntrate respirando hondo varias veces. Cuando estés calmada y centrada, te sentirás más preparada para escuchar de manera activa en lugar de enzarzarte en una perorata reactiva.

Sonríe y el mundo te sonreirá

Como PAS, tu sensibilidad puede hacer que te tomes las cosas demasiado en serio en las relaciones que mantienes con los demás. Es imposible seguir peleándose cuando las dos partes ríen a carcajadas y se sonríen. Si conservas el sentido del humor, serás más feliz. Si sonríes, liberas endorfinas que te hacen sentir en paz (Bhat 1995). Norman Cousins creía en el poder sanador del sentido del humor. Hace muchos años logró curarse una enfermedad terminal a base de carcajadas. Hacía actividades que potenciaban su sentido del humor, como alquilar las divertidas películas de los hermanos Marx para poder reírse a mandíbula batiente (1983). Te aseguro que puedes llegar a sentirte bien, literalmente, riendo a carcajadas.

Es curioso, pero la enzima d-lisozima se secreta cuando te ríes a carcajadas, hasta el punto de que se te pueden saltar las lágrimas. En todas las fases de la sonrisa el esfínter anal se contrae y se relaja. Sin embargo, cuando frunces el ceño, el esfínter anal interno se tensa mucho, y eso es la señal que propicia una excitación simpática que terminará causando estreñimiento. Quizá la carcajada llegue a venderse un día como un laxativo de última generación.

Tener sentido del humor es algo más que contar chistes; es estar abierto a sentir paz y alegría. Por lo general, la falta de sentido del humor se relaciona con una visión del mundo inflexible. Los niños sonríen y ríen cuatrocientas veces al día, mientras que los adultos lo hacemos quince veces, o incluso menos aún (Bhat

1995). Dado que necesitamos setenta y cinco músculos para fruncir el ceño y solo quince para sonreír, volver a recuperar la alegría de la infancia podría llegar a costarnos bastante menos esfuerzo.

Cuando me pongo demasiado serio, reflexiono sobre las cosas absurdas de la vida. Cada vez que me sentía agobiado porque tenía que cumplir con el plazo de entrega de este libro, cuya intención es conseguir la paz interior, esbozaba una enorme sonrisa y casi siempre terminaba riéndome de la ironía. La carcajada es una medicina maravillosa que logra que tomes perspectiva ante tus problemas. ¿Cuáles son las paradojas más disparatadas en tu vida que pueden hacerte estallar en carcajadas?

Cuando mi hijo era pequeño y las cosas se ponían tensas entre los dos, solía disfrazarme de payaso desaliñado y los dos terminábamos riéndonos como locos. Te iría bien cultivar el sentido del humor practicando alguna de las siguientes actividades: ver películas de risa, ir a la biblioteca o a una librería en busca de libros entretenidos, hacerle cosquillas a tu pareja, hacer muecas delante del espejo y jugar a juegos absurdos con los niños. ¡Ah, y no olvides sonreír todo lo que puedas!

También es muy conveniente que las PAS sean capaces de reírse de su sensibilidad. ¿Has oído la historia de esa PAS que se alistó en el ejército y salvó a toda la compañía de una muerte segura a manos del enemigo? Tan pronto como oyó el ruido de las bombas al estallar, mandó retirarse a la compañía entera y ganó una medalla al valor.

Sana el mundo y sánate a ti mismo

Uno de los mejores rasgos de una PAS es la capacidad de sentir compasión por el sufrimiento humano. Si te obsesionas con el hecho de que alguien ha herido tus sentimientos solo empeorarás las cosas. Puedes transformar estos sentimientos negativos que persisten mostrándote amable y compasivo con los demás. Si actúas con amabilidad, estarás usando tu sensibilidad innata para sanarte a ti mismo y también al mundo. Permite que tu ayuda a los que tienen necesidades creen chispas de amor en tu corazón y en todo el mundo. Puedes usar tu corazón compasivo para trascender los problemas que tienes en tus relaciones haciendo alguna de las siguientes actividades: prepárale la comida a un vecino anciano, ofrécete de voluntario para ayudar en los centros de acogida para gente sin techo, juega con un niño que se sienta solo, visita a la gente que vive en las residencias de ancianos, haz las tareas de tu pareja o de tu compañero de piso, di alguna palabra amable a ese vendedor que está agobiado, deja que el conductor del otro coche te adelante. ¿Qué actos de bondad puedes hacer hoy?

Cuando hagas actos de bondad, no solo vas a animar a los demás, sino que trascenderás las emociones negativas y egocéntricas. La ley del karma afirma que la energía que desplazas hacia fuera regresa a ti. Cuando abundas en los problemas que te causan tus relaciones debido a tu sensibilidad te sientes deprimido, pero cuando haces actos de bondad ayudando a los demás las endorfinas que se liberan en tu cuerpo, literalmente, te harán sentir alegre. Cuando te acerques a un extraño, piensa que esa persona puede ser un amigo potencial al que todavía no has conocido.

Recientemente, en una comida estaba sentado a la mesa con un grupo de amigos disfrutando de una agradable conversación cuando por el rabillo del ojo vi a un hombre con un vendaje en la cara y vestido con desaliño que buscaba un lugar donde sentarse. Miré con mayor atención y vi que el vendaje que le cubría el mentón estaba manchado de pus amarillo y sangre. Mi reacción instintiva fue asegurarme de que ese individuo no se sentara en el asiento vacío que tenía al lado; por eso, y a propósito, le di la espalda esperando que se sentara en otro lugar. Mi estrategia funcionó, porque el hombre terminó solo en la mesa que había detrás de mí. Durante un silencio que se hizo en la conversación, volví a fijarme en ese hombre triste, solitario y encorvado sobre su almuerzo.

Y ya no pude más. No podía ignorar más a ese hombre de aspecto tan patético; me volví hacia él y me presenté. De repente, su rostro plagado de cicatrices esbozó una sonrisa luminosa cuando le pedí que se uniera a nosotros. Ese hombre me contó que tenía cáncer, que la enfermedad se le había extendido por el cuerpo y que el tumor que tenía en el mentón se estaba secando. Dijo que había dudado sobre si unirse a nuestra tertulia porque todos llevaban tiempo rechazándolo debido a su discapacidad física. Sin embargo, el hombre enfermo, mis amigos y yo mismo nos marchamos del evento con el ánimo renovado gracias a la sentida conexión que se creó.

Como PAS a veces tendrás que superar tu deseo innato de huir de los estímulos para ayudar a los que están necesitados. Como las PAS suelen saber lo que hay que hacer en una situación de emergencia, te iría bien arriesgarte de vez en cuando a sufrir algún trauma emocional personal si es en bien de la humanidad. Ann, una PAS que tiende a desmayarse cuando ve sangre y a quien pone muy nerviosa la violencia, presenció un horrible accidente automovilístico en el que estaban involucrados dos coches mientras iba conduciendo. Ann detuvo su coche en el arcén y se vio obligada a tomar una decisión. Se dio cuenta de que ser testigo del trauma la afectaría negativamente. Sin embargo, como PAS que era, sintió que tenía que ayudar a las personas heridas aun cuando experimentara emociones negativas.

Cuando Ann cruzó la calle se dio cuenta de que ambos coches habían sufrido graves daños. Ayudó a tranquilizarse a la conductora de uno de los automóviles, que había salido del coche y estaba de pie llorando. La otra conductora estaba atrapada en el automóvil y gritaba que le dolía la espalda y no podía moverse. Ann se encontró desempeñando el inverosímil papel de técnica de emergencias sanitarias. Sostuvo la mano con cariño a la mujer herida y se puso a hablarle intentando aliviar su pánico hasta que la ambulancia llegara. Aunque Ann estaba profundamente conmovida por la experiencia, se sintió muy satisfecha por haberse detenido a ayudar a las víctimas del accidente.

Es virtualmente imposible pasar el tiempo obsesionándote con el hecho de que alguien ha herido nuestros sentimientos si nos centramos en servir a la humanidad. *Ryan's Well* (Cook 2001) es la historia de un chico canadiense altamente sensible llamado Ryan Hreljac que se quedó muy tocado cuando supo, hace ya algunos años, cuando estudiaba primero de Primaria, que miles de niños morían cada año en África porque bebían agua contaminada. Gracias a su sensibilidad, su compasión y su fuerza de voluntad, este pequeño de seis años reunió por sí solo el dinero suficiente para que se excavaran pozos en África. Como resultado de su esfuerzo, muchos niños ya no tuvieron que seguir bebiendo agua contaminada.

Quiero compartir un correo electrónico muy motivador que recibí hace poco de Ryan:

Hola, Ted:

Hola, soy yo, Ryan, y mi mamá, Susan. Quería darte las gra-cias por tu correo ahora que estamos en California. Tengo mu-chos planes para 2004. Te prometo que seguiré esforzándome para ayudar a reunir el dinero para potabilizar el agua. Y a lo mejor, si todos trabajamos juntos, ¡un día habrá paz y agua potable para todos! ¡Gracias, gracias! Espero que mis sueños se conviertan en realidad, y espero que los tuyos también.

Bueno, gracias otra vez por escribirme, y recuerda que puedes hacerlo todo, pero solo si te esfuerzas mucho y si lo quieres de verdad.

Ryan y Susan (mecanógrafa/mamá) Hreljac

Al igual que Ryan, puedes elegir dedicar tu sensibilidad a aliviar el sufrimiento humano o o bien dedicarla a centrarte en tus sentimientos heridos.

Espiritualiza tus relaciones

Tus relaciones pueden ser más armoniosas cuando creas una conexión espiritual con los demás. En lugar de desperdiciar momentos maravillosos discutiendo sobre las diferencias entre vuestras sensibilidades, plantéate nuevas actividades que sean divertidas y animen a todos los implicados. Da un paseo por la naturaleza con tu pareja, tu familia y tus amigos que os enriquezca espiritualmente. Y mientras caminéis por una pista o un sendero señalizado, saboread la belleza de un azulejo posándose en la florida rama de un cerezo silvestre, o bien fijaos en la ardilla que corretea entre la verde hierba exuberante. Te sentirás sereno cuando mires a los ojos de tus compañeros en este marco tranquilo, cuando vuestras almas se fundan en un estado de paz y divinidad.

Quizá desees dedicar un momento al día a hacer alguna práctica espiritual con tu familia y tus amigos. Podría tratarse de meditaciones, de oraciones, de una lectura estimulante o de una película que levante el ánimo. Cuando se realiza alguna práctica espiritual con las personas que amas, la conexión de las almas deviene más fuerte, y es más fácil trascender las insignificantes diferencias de temperamento.

Las parejas que comparten actividades lúdicas se pelean menos. Dado que las PAS prosperan muy bien en entornos naturales y tranquilos, les va muy bien ir de excursión al mar, a un río, a las montañas o a los bosques. Sin embargo, cuando las PAS se ven involucradas en actividades sobresaturadas de estímulos, como ir a comer a grandes y ruidosos restaurantes, la conexión espiritual puede verse mermada. Es importante encontrar un terreno de entendimiento con los miembros de la familia y los amigos que no son altamente sensibles cuando se planean actividades. Está bien que de vez en cuando te obligues a quedarte en entornos estimulantes durante un rato, pero intenta no traspasar tu propio umbral para contentar a los familiares y las amistades que no son PAS.

Todos somos almas que hemos adoptado un cuerpo humano temporal para aprender ciertas lecciones. Cuando nos relacionemos con los demás a nivel anímico en lugar de hacerlo a nivel de nuestra personalidad transitoria, nuestras relaciones mejorarán. En el interior de la persona más insensible y vulgar se oculta una flor de loto amorosa que espera abrir su capullo. Cuando alimentas las cualidades divinas que existen en los demás brindando tu bondad, la flor de la conciencia más alta florecerá en todas tus relaciones.

Es importante sentir compasión por las personas que no son tan sensibles. No puedes ser una persona sensible que se muestre insensible. A pesar de que la tolerancia de las personas no altamente sensibles es mayor ante los ruidos ensordecedores, los olores intensos y las luces fuertes, también pueden producirles tensión cuando sienten una sobresaturación de estímulos.

La xenofobia (miedo a lo que es diferente o desconocido) puede crearnos batallas internas, así como también guerras internacionales de gran alcance. Sin embargo, cuanto más procuremos sentirnos unidos a los demás, emitiremos menos juicios y la conexión espiritual positiva que establezcas con el prójimo aumentará. Si te metes un dedo en el ojo por accidente, consolarás tanto a tu dedo como a tu ojo. No le echarás las culpas al dedo (Amritaswarupananda 1989). Del mismo modo, cuando sientes tu conexión divina con los demás seres sensibles, tendrás tantas ganas de ayudar a los demás como la tendrías de ayudarte a ti mismo.

También puedes experimentar una conexión espiritual con tus mascotas. Muchos estudios documentan el efecto sanador que las mascotas tienen en las personas (Becker 2002). Por ejemplo, los pacientes que sufren una depresión y viven en residencias para ancianos reaccionan de manera positiva cuando les traen perros para pasar el rato, porque reciben el amor incondicional de estos animales. Una mascota amorosa y cariñosa es exactamente lo que necesita la mayoría de personas sensibles como antídoto frente al estrés de vivir en un mundo competitivo que no está diseñado para las PAS.

Una de mis alumnas, Jane, me dijo que hacía diez años que le habían diagnosticado un cáncer y que le habían dado una esperanza de vida de cinco meses. Jane me explicó que sus perros la acariciaban con el hocico cuando sufría dolores, y que sentía, en un nivel sutil, que era como si los perros absorbieran su dolor. Y dice que, gracias a ese amor incondicional y a la lealtad que recibió de sus amadas mascotas, hoy en día todavía sigue viva.

A mayor edad, mayor sabiduría

En nuestra sociedad de Cenicientas, la mayoría vivimos condicionados pensando que solo estaremos bien si vivimos felices y comiendo perdices con nuestra alma gemela. A pesar del hecho de que muchos matrimonios terminan en divorcio o suelen ser infelices, la mayoría seguimos aferrados a la falsa creencia de que la felicidad depende únicamente de tener una relación amorosa e íntima con una pareja. Sin embargo, como nos enseñan las experiencias que nos da la vida, podemos empezar a buscar dentro de nosotros mismos la paz interior.

Las relaciones armoniosas no se dan por descontado. Hay que trabajarlas mucho. Y a veces, por muchas técnicas que probemos, siguen sin funcionar. Ahora bien, cuando empezamos a trabajar la manera de cambiarnos a nosotros mismos, nuestras relaciones mejorarán. Cuando aumente nuestra autoestima y nos volvamos más pacíficos, disminuirá la tentación de incorporar a gente belicosa a nuestras vidas y atraeremos personas más amorosas.

Una maestra espiritual adoptó el nombre de Peregrina de la Paz para simbolizar el trabajo de su vida. De anciana pasó treinta años recorriendo a pie todo Estados Unidos y promoviendo la paz. Y durante todo ese tiempo, ni una sola vez fue atacada (Peregrina de la Paz 1994). Cuando le preguntaron por qué nunca había tenido problemas con la gente, ella respondió que miraba a las personas expresando sus más profundos sentimientos amorosos porque creía en la bondad que había en el interior de todas las personas. Creo que Peregrina de la Paz coincidiría conmigo en que el factor más importante que determina la armonía en las relaciones es nuestro estado interior de paz y de amor.

Crear relaciones armoniosas

- Dedica un rato a diario a estar en silencio con tu compañero, tu familia y tus amigos.

- Los dos miembros de una pareja pueden negociar hablar de un determinado problema solo una vez a la semana. Escribe todo lo que te sienta mal de la otra persona durante esa misma semana, y ahórrate cualquier discusión sobre el tema hasta el momento concertado.

- Los dos miembros de una pareja tienen que acceder a hacer una pausa de cinco segundos durante una discusión antes de reaccionar.

- Responsabilízate por tu comportamiento. En lugar de culpar a los demás, discúlpate por la parte que te toca en la discusión, aunque se trate del 1 por ciento

- Explora los pensamientos negativos que tienes sobre los demás para saber si son verdad. Tu mente puede quedarse con historias negativas sobre los demás para confirmar tu propio sistema de creencias, y eso puede dar como resultado que tus relaciones sean conflictivas.

- Practica vivir el momento presente.

- Cuando te enfades con alguien que conoces bien, intenta centrar tu conciencia en tu corazón y visualizar una experiencia positiva que hayas tenido con esa persona hasta que puedas desprenderte de los sentimientos negativos.

- Usa la técnica de la escucha activa.

- Practica perdonar a los demás, y también a ti mismo.

- Sé testigo de los pensamientos negativos que te inspiren los demás. Pregúntate cuál va a ser tu próximo pensamiento mientras observas, sencillamente, cómo tus pensamientos surgen y desaparecen.

- Conserva el sentido del humor. Sonríe mucho.

- En lugar de enfurecerte en silencio, aprende a practicar tu asertividad mostrándote agradable con los demás.

- Planea actividades positivas para hacer con tus amigos y tu familia: dedica tiempo a estar en la naturaleza, a meditar juntos y a disfrutar de algún proyecto creativo.

- Recurre a tu compasión para centrarte en ayudar a tu familia, a tus amigos y a la sociedad.

- Sé consciente de que eres uno con todos los seres vivos, sobre todo con las mascotas, con la naturaleza y en tu conexión con lo divino.

7

Crea un entorno de trabajo tranquilo

En este capítulo aprenderás a reducir el estrés en el trabajo y a procurarte un entorno laboral relajante. A las personas sensibles les plantea todo un reto trabajar bajo la presión de los horarios, para un jefe desconsiderado o con colegas problemáticos. Más del 95% de las PAS que he estudiado afirman que el estrés en el trabajo influye en su salud física o emocional.

El estrés en el trabajo: los costes sociales y personales

El doctor Paul Rosch, presidente del Instituto Americano del Estrés, declara en una entrevista del 10 de noviembre de 2003 que un millón de trabajadores estadounidenses era la cifra que rondaba el absentismo diario causado por el estrés. Se estima que el estrés laboral cuesta a la industria de Estados Unidos unos

300.000 millones de dólares al año en concepto de absentismo, accidentes y bajas por enfermedad.

Dada tu meticulosidad y tu deseo de cumplir en el trabajo, no sería nada raro verte realizando diversas tareas a la vez, trabajando como un poseso para terminar proyectos costosos y acabar quemado emocional y físicamente. Pero es que, aunque vivas situaciones menos agobiantes, las ganas de ser meticuloso y no cometer errores pueden crearte estrés. El sentimiento de no ser capaz de cumplir con las expectativas laborales del tipo A, que no están pensadas para las PAS, puede crear irritabilidad, ansiedad y una baja autoestima a este tipo de personas.

Hay condiciones laborales estresantes que pueden mejorar si trabajas con un equipo que te apoye. Existe una correlación entre la satisfacción laboral y las interacciones sociales positivas en el trabajo (Dalái Lama 2003). La despersonalización en el trabajo es una de las causas principales que generan estrés e infelicidad en el empleo. La falta de un auténtico contacto humano en el trabajo (tendemos a enviar un correo a la persona que está sentada en el cubículo de al lado en lugar de levantarnos e ir a hablar con ella) contribuye a fomentar la sensación de sentirse alienado en el lugar de trabajo.

Cuando estás haciendo un trabajo que consideras que tiene sentido, la satisfacción laboral aumenta. Por ejemplo, si eres capaz de entender el modo en que tu trabajo beneficia a la humanidad, aumentará el entusiasmo que sientes por tu vocación.

En nuestra sociedad materialista, incluso las PAS pueden terminar creyendo que ganar más dinero (aun a costa del bienestar físico, emocional y espiritual) vale la pena. Cuando las necesidades básicas ya están cubiertas, puedes sentirte tentado a ganar cada vez más dinero, y terminar creyendo que la remuneración externa te aportará una mayor felicidad interior. Sin embargo, hay estudios que demuestran que no existe correlación entre la felicidad de nuestra vida y una renta alta cuando las necesidades básicas ya han sido cubiertas (Dalái Lama 2003).

Las PAS necesitan tomarse muchas pausas y puede resultarles difícil cumplir con un horario laboral de cuarenta horas a la semana. Por desgracia, la mayoría de los puestos de trabajo en Estados Unidos exigen que los empleados trabajen horas extra. La mayoría trabaja varias semanas más al año que los franceses y los alemanes. Dada la ética laboral tan desequilibrada de Estados Unidos, las PAS tienen que crearse su propio horario laboral si no quieren arriesgarse a verse atrapadas en una situación laboral que las supere.

Nuestra actitud sobre el trabajo

La actitud es un factor importante en la satisfacción laboral. Cuando percibes tu trabajo desde una perspectiva global, puedes valorar de manera distinta tu puesto. Los trabajadores de los países en vías de desarrollo, e incluso algunos obreros estadounidenses, son capaces de realizar un trabajo físico muy duro durante más de diez horas al día por una parte mínima de tu sueldo. Muchos desempleados saltarían de alegría si se les diera la oportunidad de poder trabajar en tu campo. Y, como es de suponer, de repente ese trabajo que te parecía tan aburrido empieza a cobrar un renovado interés para ti.

Si no estás satisfecho con tu trabajo, investiga la causa. ¿Se debe a las exigencias poco razonables de un jefe que te falta el respeto? ¿Tus colegas de trabajo se muestran en algún momento del día groseros contigo? ¿O tu frustración se debe al patrón interno de que no te sientes satisfecho con la mayoría de aspectos de tu vida? Solemos llevarnos nuestras creencias y nuestras actitudes al lugar de trabajo, y nuestro empleo termina siendo un reflejo de nuestra vida. La mente siempre está pensando que la hierba clarea menos en casa del vecino, y el ego se crece en el conflicto para preservar su identidad separada.

Mi padre ha sido una de las pocas personas que he conocido que estaba absolutamente enamorada de su trabajo. Su profesión era la de asistente social, y se dedicó a organizar entidades sin afán de lucro para los judíos durante más de cincuenta años. Y luego siguió trabajando como asesor y supervisor de estudiantes de su ramo hasta ya cumplidos los ochenta años. Su entusiasmo y su actitud positiva fueron dos elementos importantes para conseguir ese grado tan alto de satisfacción laboral. Y, por supuesto, era un hombre de talante positivo y entusiasta fuera del trabajo, y con esa actitud se iba cada día a trabajar. Otro factor que le llevó a amar su profesión fue que creía apasionadamente que con su trabajo estaba ayudando a personas necesitadas, como los ancianos, los inmigrantes y los que tenían problemas físicos y emocionales. Descubrió un sentido especial en la tarea que le encomendaron, y que consistía en trabajar en Europa reconstruyendo la comunidad judía prácticamente desaparecida durante el Holocausto.

Incluso el trabajo más tedioso cobra sentido y se vuelve divertido si desarrollas una actitud positiva y trabajas con personas que te apoyan. Derrick, un hombre soltero veinteañero, trabaja en un almacén que envía equipos médicos a países asiáticos. Al empezar a trabajar descubrió que clasificar suministros médicos era tan aburrido que estuvo a punto de abandonar su empleo al concluir la primera semana. Ahora bien, en su segunda semana de trabajo le asignaron un colega entusiasta que no se cansaba de repetirle que cada uno de esos suministros contribuiría a curar a una persona enferma. Ese otro empleado contaba chistes y ponía música, esas canciones que te levantan el ánimo. La actitud de Derrick cambió por completo, y el joven empezó a disfrutar tanto de su trabajo que en algunas ocasiones llegó a quedarse de buena gana más tiempo del que debía.

A pesar de que a una persona que no sea altamente sensible le resulta más fácil asumir grandes responsabilidades en el trabajo, cuando desarrolles las cualidades de aceptación y entrega te desenvolverás mejor en tu empleo. En el capítulo 2 describí a un funcionario de correos que cada día se agobiaba cuando tenía que seleccionar las cartas, mientras que el director general de una gran compañía afirmaba que su trabajo no era estresante. El director general no se preocupaba en absoluto si no podía terminar una tarea. Una de mis alumnas, una PAS, me comentó que se ponía muy nerviosa cuando notaba que se había equivocado en el trabajo. Sufría horas y horas pensando si habría cometido algún error. Después de trabajar con ella durante varias semanas, poco a poco empezó a darse cuenta de que lo único que podía hacer era trabajar de la mejor manera posible. Y, finalmente, ya no sintió la necesidad de tener que terminar todas las tareas a la perfección.

Durante el tiempo que trabajé de asesor voluntario para la rehabilitación profesional de trabajadores que habían sufrido un accidente, desde la primera entrevista ya sabía quiénes serían los que se rehabilitarían y lograrían conseguir un nuevo empleo. Los que echaban la culpa a su empleador y se quejaban de la compañía de seguros médicos a menudo eran los que ponían más obstáculos en su programa de rehabilitación. Cuando los clientes mostraban una actitud positiva respecto a su rehabilitación profesional y aceptaban sus limitaciones sin regodearse en su sufrimiento, invariablemente conseguían un nuevo empleo que les resultaba satisfactorio.

Cuanto mayor sea la fuerza de voluntad de querer superar las dificultades en un empleo, más probabilidades tendremos de conseguir que nuestra experiencia laboral sea positiva. Por ejemplo, cuando te esfuerzas en mejorar las relaciones personales con tus colegas de trabajo, tu satisfacción laboral aumenta. Ahora bien, si pones un gran empeño y dedicas una gran cantidad de energía a mejorar una situación laboral que ya de por sí es difícil y las cosas no salen bien, siempre puedes dejar ese empleo. En realidad, uno nunca se queda atascado.

Con menos dinero pero más feliz

Tu sensación de bienestar aumentará si tienes un empleo menos exigente que te aporte un salario menor pero que te dé la libertad de poder dedicar más tiempo a actividades relajantes que te hagan disfrutar (Dalái Lama 2003). En el lecho de muerte nadie deseará haber pasado más tiempo en la oficina para ganar más dinero. En última instancia, el amor que hemos compartido con los demás será lo único que nos llevemos al abandonar nuestro cuerpo.

Las ansias materiales crean un círculo vicioso. Cuanto más dinero ganas, más dinero crees necesitar. Cuanto más se gratifique el ego de los empleados en el trabajo, más estatus querrán conseguir. Hay personas que viven en casas muy caras y con aire acondicionado y no por ello dejan de suicidarse

(Amritaswarupananda 1989). Lo que necesitamos en realidad es amueblar bien nuestras mentes para explorar por qué seguimos conservando un empleo estresante que está perjudicando nuestro bienestar físico, emocional y espiritual.

Si reduces tu vida a tu empleo, te pones a tiro de sufrir un trauma emocional cuando finalmente dejes tu trabajo o te jubiles. Es mejor vivir en pleno equilibrio, dedicar un tiempo a tener una vida social satisfactoria y realizar actividades interesantes fuera del trabajo.

Las PAS nos enfrentamos a distintas presiones y estímulos laborales que podemos manejar. Tienes que encontrar tu propio equilibrio entre lo que sería tener un empleo aburrido y otro demasiado estresante. Conozco a varias personas no altamente sensibles que disfrutan con sensaciones fuertes y que se desenvuelven bien trabajando sometidas a la presión que comporta un puesto bien remunerado. Eso les da un subidón de adrenalina que les permite cumplir con las fechas de entrega de sus proyectos, un subidón parecido al que experimenta el jugador de fútbol que marca un gol ante un contrincante de primera. Sin embargo, las Personas Altamente Sensibles sufrirían un ataque severo de ansiedad si tuvieran que trabajar en el mismo entorno laboral.

A veces es posible que te sientas atascado en una situación laboral problemática. En realidad, cuando te abres a nuevas posibilidades, tu situación laboral siempre mejora. Connie, una mujer soltera cuarentona altamente sensible, andaba a la búsqueda de sensaciones fuertes. Trabajaba para una pequeña empresa como auxiliar administrativa. Por desgracia, su jefe no paraba de aumentarle la carga de trabajo, y Connie terminó trabajando seis días a la semana desde las ocho de la mañana hasta las siete de la tarde; eso, sin contar con la hora de transporte que le quedaba hasta llegar a casa. Debido a la constante presión que vivía en el trabajo, Connie terminó desarrollando problemas de ansiedad y gastrointestinales.

Connie consideraba que necesitaba el salario para cubrir los altos costes de su hipoteca, y que cerca de su casa no encontraría otros empleos bien renunerados. Me contó que se había criado en una autocaravana, y que siempre había soñado con vivir en una casa muy bonita. Por eso no tenía ni la más remota intención de mudarse. Le aconsejé que investigara si no podría encontrar otro empleo bien pagado más cerca de casa. Al cabo de varias semanas de animarla a buscar otro trabajo, Connie me dijo que sí que había encontrado un nuevo puesto más cerca de casa: un empleo en el que trabajaba solo cuarenta horas a la semana y por el que cobraba casi lo mismo que en el puesto anterior, al que dedicaba más de sesenta horas a la semana.

Cómo rebajar el estrés en el trabajo

Muchos métodos específicos pueden ayudar a crear un entorno laboral más tranquilo. Determina qué consejos de este apartado podrían aplicarse a tu lugar de trabajo e intenta incorporar algunas de las ideas siguientes a tu situación laboral.

Puedes escuchar música de fondo relajante para reducir o eliminar el ruido ambiental en el trabajo. Muchas PAS me han dicho que escuchan música con frecuencia, con los cascos puestos, mientras que otras se ponen tapones para los oídos. Cuelga fotos inspiradoras de paisajes naturales, como escenas de la naturaleza, marinas o retratos de tu familia. Si trabajas con luces fluorescentes o en un entorno urbano artificial, contemplar la naturaleza templará tus nervios. También puede irte bien llevar flores y plantas a la oficina. Tu sistema nervioso se calmará inhalando la delicada fragancia de las flores o contemplando un ramo precioso. Rodéate de amor colocando retratos de tu familia y de tus amigos. Asegúrate de que la silla en la que vas a pasarte todo el día sentado es cómoda para que tus músculos se relajen. Puedes adquirir un cojín electrónico de masaje para tu silla que te libere de las tensiones durante el día.

Como ya mencioné en el capítulo 3, intenta transformar el sonido el timbre del teléfono en una señal de relajación. Primero, baja el volumen si es posible. Permite que el timbre te relaje la musculatura, respira hondo varias veces y repite un mantra, como, por ejemplo, «paz». Si es posible, no respondas al teléfono hasta la tercera o la cuarta llamada. Recurre a esos escasos momentos que tienes para relajarte profundamente (Hanh 1991).

Una buena idea es crear un programa laboral diario para reducir la estimulación en lugar de empezar de buena mañana atacando la jornada laboral. Tan pronto como llegues al trabajo, céntrate unos minutos meditando o realizando algunas respiraciones abdominales lentas y profundas. Mira las tareas que te tocan ese día en el trabajo y, teniendo en cuenta tu sensibilidad, decide de una manera realista cuáles son las que vas a poder terminar. Intenta programar tus pausas de relajación, y recuerda poner en práctica la relajación muscular progresiva mientras estés sentado a tu mesa de trabajo.

Como ya hemos visto, las PAS tienen la característica de ser muy responsables y de sentirse fácilmente desbordadas por la presión de los horarios, y eso puede exacerbar su estrés. Si sientes que las exigencias de tu jornada laboral van a ser demasiado agobiantes, intenta rebajar tu carga de trabajo o habla con tu jefe. Sé realista, y no generes más estrés en tu vida intentando obligarte a traspasar tus propios límites.

Yo he aprendido a decir no a la hora de asumir tareas extra en el trabajo y en mi vida personal. Aunque a veces me siento culpable por el hecho de tener que decir que no, la alternativa es sufrir más ansiedad, porque siempre me veo en la necesidad de cumplir con todos los compromisos que he asumido. Sin embargo, si me siento con más energía y tengo tiempo libre, me ofreceré de voluntario sin pensarlo para ayudar en tareas en las que antes no quería comprometerme. Este método de ayudar a los demás de manera espontánea parece encajar bien con el temperamento de las PAS, porque estas personas se caracterizan por ser compasivas sin sentir el agobio de tener que asumir compromisos futuros.

Dado que a las PAS les afectan con facilidad los estados de ánimo de los demás, cuando trabajas con otras personas presionado por el tiempo tienes que ponerte a escribir, a hablar o a teclear con más rapidez, y eso aumenta tu tensión. Es mejor que dejes una nota en tu escritorio que te recuerde que tienes que trabajar más despacio en lugar de dejarte arrastrar por el estado de desesperación de tus colegas. Recuérdales a tus compañeros del trabajo que los empleados del tipo A tienen éxito a pesar de su comportamiento agresivo, competitivo y urgente, no gracias a él. Y luego, haz una pausa y piensa que la tortuga que camina trabajosamente es la que gana a la liebre hiperactiva.

Recurrir a la aromaterapia (la inhalación de fragancias vaporizadas de aceites esenciales) es otro método eficaz para estar más tranquilo en el trabajo. La fragancia de ciertos aceites esenciales ha demostrado ser muy eficaz contra el estrés y contribuye a relajarte (Worwood 1997). Por ejemplo, un estudio demuestra que los errores al teclear en un ordenador disminuían más de un 50% cuando se vaporizaba una fragancia de limón en el ambiente de un despacho (Worwood 1997).

Si te pasas todo el día sentado en el trabajo, es importante que des un paseo de vez en cuando o que te tomes algún descanso para estirar las piernas. La meditación caminando descrita en el capítulo 2 puede ser una pausa muy eficaz. Siempre puedes hacer estiramientos, aunque estés sentado en tu silla. Intenta la relajación progresiva cada hora durante unos breves minutos visualizando todos los músculos de tu cuerpo y relajándote cada vez más mientras respiras hondo y de manera pausada. Recuerdo a una alumna que trabajaba en una consulta médica tan concurrida que ni siquiera tenía tiempo de tomarse un descanso durante el día. Sin embargo, probó con la relajación progresiva mientras estaba sentada en su despacho y descubrió que le iba muy bien para rebajar el estrés.

Si estás delante de una pantalla de ordenador todo el día necesitas tomarte descansos frecuentes. Sin embargo, no te pongas a consultar tu móvil durante las pausas. En vez de eso, si es posible pasea unos minutos por un parque. Incluso, solo con asomarte a la ventana para ver los árboles de la calle servirá para calmar el sistema nervioso. Quizá puedas aprovechar el tiempo para entablar una conversación relajada con un colega sobre un tema positivo como las vacaciones, los deportes o la alimentación.

Si en tu lugar de trabajo tienes que tratar con clientes, quizá quieras poner a su disposición revistas estimulantes que creen un entorno apacible. Además, ofrecerles infusiones relajantes y un tentempié saludable, como por ejemplo fruta, es otro método my potente que contribuirá a crear un entorno tranquilo de trabajo.

Existen compañías muy avanzadas que cuentan con centros de *fitness* y salas de meditación para sus empleados. Habla con tu jefe para saber si habría alguna posibilidad de organizar una sala de meditación. Podrías argumentar que los empleados serían más productivos si dispusieran de una sala tranquila donde meditar haciendo breves pausas a lo largo de su jornada. Una sala tranquila y en penumbra es un regalo del cielo para las PAS que trabajan en un entorno sobresaturado de estímulos.

Para contribuir a crear más armonía en tu lugar de trabajo, proponle a tu jefe que instale un buzón de sugerencias (Zeff 1999). Como es posible que las PAS tengan muchas quejas que plantear y encuentren incómodo pedir que las cosas cambien, el anonimato puede beneficiarles mucho. El buzón de sugerencias también podría proporcionarles a las personas no altamente sensibles, a las que les molesten un poco algunas cosas, la oportunidad de expresar su opinión.

A las PAS con insomnio, en general, les resulta estresante llegar pronto al trabajo por las mañanas. Pregunta a tu jefe si existe la posibilidad de que puedas llegar más tarde al trabajo a cambio de reducir el tiempo del almuerzo o de quedarte un rato más al final de la jornada. Un alumno me dijo en una ocasión que, cuando dejó de tener la obligación de llegar al trabajo tan temprano por las mañanas, se dormía con más facilidad. Solía decirse a sí mismo que ya tendría tiempo de dormir un poco más al día siguiente, y que, por lo tanto, no importaba si le costaba quedarse dormido.

Ahora bien, si eres de los que les gusta ir a trabajar temprano, te puede ir muy bien empezar el día con tranquilidad y con pocas distracciones. Y así, cuando llegue el resto de los empleados, tú ya habrás empezado la jornada en calma. También podrás irte a casa más temprano, para no pillar la hora punta, y tendrás la oportunidad de echarte una siesta o caminar por el parque al salir del trabajo. Pregúntale a tu jefe si podrías realizar alguna de las tareas que tienes encomendada desde casa, que es una solución ideal para las PAS. Cada vez hay más personas que trabajan media jornada o incluso la jornada entera en casa en lugar de acudir a la oficina, y eso en realidad disminuye la sobresaturación de estímulos a los que están expuestos los PAS.

Recuerda que uno de los factores más importantes para sentirte satisfecho en tu trabajo es mantener buenas relaciones con los demás. Y puedes influir positivamente en esas relaciones personales en el trabajo cuando estás relajado. Si sientes ansiedad, la tensión entre tus colegas aumentará. Sin embargo, si haces pausas para meditar y recurres a otros métodos de relajación para crearte una paz interior, tus colegas de trabajo también se sentirán más en calma. Si mantienes tu sentido del humor y sonríes con frecuencia, la sensación de sentirte alegre y feliz en el trabajo aumentará.

La baja autoestima y el estrés laboral

Algunas personas son prisioneras de un trabajo que aumenta su estrés porque creen firmemente que se lo merecen. Las PAS a las que en su infancia les inculcaron el mensaje de que tenían muchos defectos pueden recrear en el trabajo de manera inconsciente la familia disfuncional que les tocó en suerte. A veces, las PAS con una baja autoestima, en realidad, se sienten cómodas en una situación laboral abusiva.

María, una PAS cincuentona soltera, había trabajado veinticinco años como directora de una compañía muy importante. Me contó que durante su infancia sufrió mucho y padeció abusos, debido a su sensibilidad. Me dijo que su trabajo era un infierno porque tenía un jefe grosero y desconsiderado. Además de sufrir ansiedad y depresión, desarrolló problemas coronarios cuya causa, según apuntó el médico, se debía al estrés que vivía en el trabajo. Sin embargo, María rechazaba de plano dejar ese trabajo por miedo a perder su generosa pensión.

Le dije a María que si seguía trabajando bajo tanta presión quizá no llegaría a disfrutar de su pensión. Empezó a hacer terapia, y finalmente comprendió por qué se había acostumbrado a trabajar en un entorno tan abusivo y pudo hacer los cambios pertinentes en su vida. María terminó por dejar su empleo y aceptó un puesto de profesora de secundaria en un colegio. Aunque su salario y su pensión menguaron bastante, mejoró de salud.

Tienes a tu disposición centenares de trabajos literalmente interesantes y sometidos a poco estrés si lo que quieres es plantearte un cambio de trayectoria profesional. La vida nos ofrece muchas oportunidades cuando estamos abiertos a soluciones novedosas y creativas.

Tratar con personas que nos plantean un reto en el trabajo

Muchas PAS me han contado que les resulta muy difícil tratar con las personas ruidosas en el trabajo. Monica, una treintañera soltera que trabajaba en un organismo estatal, me contó que el ruido que había en su lugar de trabajo la distraía hasta el punto de que no podía concentrarse en sus quehaceres. Monica trabajaba en un pequeño despacho con otra mujer que no paraba de charlar por teléfono con los amigos de sus problemas personales en un tono de voz alto. Monica iba a trabajar por las mañanas atemorizada, y casi a diario se marchaba a casa con un dolor de cabeza provocado por el estrés. Aunque estaba furiosa, temía que, si le pedía a su colega que se callara, la relación entre ellas dos, ya de por sí tensa, empeoraría.

Exploramos todas las opciones que Monica tenía a su disposición para que mejorara su intolerable situación laboral. Por ejemplo, podía ponerse un casco o unos tapones para los oídos, cambiar el emplazamiento de la mesa, hablar del problema con su jefe o pedir que la trasladaran a otro departamento. Le hice caer en la cuenta de que su colega quizá ni siquiera era consciente de que su charla fuera tan molesta. Sin embargo, su colega quizá sí podría estar captando sutilmente la rabia de Mónica, y eso complicaría todavía más las cosas. Le aconsejé que se hiciera amiga de ella. (Una parte de los problemas que les plantea el ruido a las PAS es que de inmediato consideran que la persona que mete ese ruido tan perturbador es el enemigo).

Le dije a Monica que cuando se llevara bien con su colega, podría decirle que tenía un sistema nervioso muy sensible (o escribirle una nota), y que a ella un ruido normal le sonaba amplificado. Monica tenía que destacar el hecho de que ese era su problema y no culpar a su colega. Luego podía ofrecerle diversas opciones para resolver la situación, como sugerirle que hablara de sus temas personales en algún momento concreto de la jornada que pudieran pactar las dos. Monica se habría preparado con antelación y podría destinar esos momentos a hacer una pausa, almorzar o centrarse en el trabajo que tenía que hacer con los cascos puestos.

También podría preguntarle con toda la educación del mundo si podía hablar en un tono de voz más bajo o usar otro teléfono para las llamadas personales. Finalmente, Monica debía disculparse por adelantado si su sensibilidad le causaba algún problema a su colega de trabajo y decirle que valoraba mucho su predisposición a ayudarla. Lo cierto es que, si Monica no hubiera sido una PAS, su colega de trabajo probablemente no habría tenido que hacer ningún cambio, porque la mayoría de quienes no son PAS son capaces de tolerar los ruidos molestos, e incluso apenas se dan cuenta de que existen. Si su colega se mostrase receptiva a alguno de sus consejos, Monica podría llevarle flores al día siguiente con una nota de agradecimiento por la ayuda prestada. Mi alumna decidió escribirle una nota a su compañera de trabajo y logró pactar un acuerdo con ella. A partir de entonces, su compañera haría las llamadas personales solo durante la hora del almuerzo.

Crear un nuevo empleo libre de estrés

Mis alumnos suelen decirme que no están satisfechos con su trabajo y que quieren explorar un campo profesional distinto. Yo siempre les aconsejo que sean prácticos cuando se planteen nuevos objetivos que atañen a su vocación. Si estás trabajando en un empleo bien remunerado, quizá no te convenga marcharte de buenas a primeras. Primero haz una lista de tus competencias que puedan ser transferibles a otros sectores, y analiza de qué manera tus habilidades encajan con otras vocaciones. En segundo lugar, te aconsejo que te ofrezcas de voluntario y trabajes antes en el terreno en el que te gustaría encontrar empleo. El voluntariado es una manera excelente de ganar en experiencia, y eso podría llevarte a conseguir un empleo remunerado en el futuro. Otra opción es empezar a trabajar a media jornada en un campo distinto y decidir si es viable convertir ese trabajo en un puesto lucrativo a jornada completa.

La búsqueda de un nuevo empleo

Antes de aventurarte en una nueva línea de trabajo, realiza un estudio del mercado laboral. Contacta al menos con diez personas que trabajen en el campo al que quieres acceder. Pregúntales sobre los niveles de contratación actuales, el salario, las titulaciones y también las exigencias físicas y emocionales del puesto de trabajo. Dedica algún tiempo a observar el nuevo entorno laboral. Como PAS, es importante que valores de una manera realista si el trabajo es adecuado para una persona sensible. Presta mucha atención al nivel de estimulación, a la presión laboral y a las horas de trabajo. Como las PAS en general procesan la información despacio, date mucho tiempo para realizar este estudio de mercado. No te agobies con tantos datos ni te precipites decidiendo con rapidez.

Es importante que trabajes en un campo que vaya acorde con tu temperamento, así como con tus intereses. Reúnete con un asesor de vocaciones profesionales que pueda aconsejarte sobre cuáles son tus opciones en el mercado del trabajo. Podrías hacer un test de intereses o vocacional que determine tus capacidades y aptitudes en varias profesiones distintas. El ameno capítulo de Elaine Aron llamado «Esforzarse en el trabajo», de su libro *El don de la sensibilidad,* da varios consejos adicionales para ayudar a la PAS a encontrar el empleo adecuado, así como una excelente selección de consejos para los jefes de personas sensibles (1996). Si no estás seguro de las opciones laborales que tienes a tu disposición, puedes consultar las páginas amarillas de la guía telefónica, o hacer una búsqueda en Internet de los listados de trabajo.

Cada PAS es única. Es posible que una PAS en busca de sensaciones fuertes disfrute moderadamente de cierta estimulación en el trabajo, y que otra odie esa misma situación. Una de mis alumnas trabaja de guardia de seguridad en un edificio de oficinas por la noche. Dice que su entorno laboral es silencioso y relajante. Sin embargo, otra alumna mía puntualizó que a ella le daría miedo trabajar de guardia de seguridad porque existía la posibilidad de que alguien se colara en el edificio. Además, también comentó que le costaría mucho acostarse justo después de salir del trabajo. A muchas PAS les costaría tener un empleo en el que fueran cambiando los horarios o trabajar en el turno de noche (de las 11 de la noche a las 7 de la mañana).

Ser su propio jefe

Ser su propio jefe puede ser una opción excelente para las PAS que no quieren trabajar bajo la presión de un jefe. Según Elaine Aron, «ser su propio jefe es un camino lógico para las PAS. Controlas las horas, la estimulación, las personas con quienes te relacionas, y no tienes problemas con jefes o con otros colegas de trabajo». Sin embargo, también señala que tienes que andar con cuidado para no caer en el perfeccionismo y exigirte más de la cuenta. También tienes que estar dispuesto a tomar decisiones difíciles. Por otro lado, debes cuidarte de no terminar aislándote demasiado. Si trabajas solo, es importante que te reúnas con otros colegas con regularidad para buscar apoyo mutuo. Las PAS que son introvertidas también podrían tener dificultades para promocionar sus servicios.

Antes de empezar a ser tu propio jefe, es importante que investigues a fondo si el éxito de tu nuevo objetivo vocacional es viable. Es importante elegir un campo en el que no necesites trabajar los siete días de la semana. Asegúrate de si el producto o el servicio que planeas ofrecer es necesario en el área geográfica que propones. Luego podrías hacer un estudio para determinar el número de personas o de negocios que ofrecen el mismo producto o servicio que tú. Descubre los precios de la competencia y esboza un plan financiero detallado de todos los aspectos del negocio propuesto, incluyendo la tarificación, los gastos generales, el marketing y los salarios. Luego has de decidir cómo promocionarás tu producto o tu servicio y estar informado de todos los impuestos y licencias obligatorios que hay que cubrir. Finalmente, determina cuánto tiempo te llevará completar todos los aspectos de tu trabajo. Como muchos negocios de nueva planta fracasan, yo te recomiendo que te reúnas con un asesor vocacional especializado en ayudar a las personas autoempleadas a analizar si su empresa va a tener éxito.

Cuando trabajaba empleado en una empresa privada como asesor de rehabilitación profesional facturaba cincuenta dólares la hora, pero solo recibía ocho, y la empresa se quedaba con cuarenta y dos. Recuerdo que intentaba desesperadamente facturar más horas a final de mes para, con la cuota que yo ganaba, poder obtener beneficios. Cuando la empresa se desprendió de la mayoría de asesores por recortes que realizaron en el presupuesto, decidí montar mi propia empresa privada de asesor de rehabilitación profesional. Monté el despacho en casa, y el resultado fue que trabajé la mitad de horas y, en cambio, ganaba tres veces más que cuando estaba empleado en la empresa. A pesar de que no todos los que trabajan para sí mismos consiguen buenos resultados, si eliges el campo adecuado puedes terminar trabajando de una manera más relajada y lucrativa.

Crea un trabajo divertido y relajante

- Intenta desarrollar una actitud positiva hacia tu trabajo creando interacciones sociales que te resulten divertidas, ayudando a los demás y mostrándote entusiasta con tu trabajo.

- Escucha música de fondo que sea relajante y haz que circule bien el aire y que haya una buena temperatura.

- Contempla fotografías de entornos naturales. Lleva flores y plantas al trabajo.

- Toma infusiones o zumos de frutas y tentempiés saludables, y ten a mano revistas o artículos que te inspiren a ti, a tus clientes o a tus empleados.

- Ten una butaca cómoda. Si estás todo el día sentado en el trabajo, haz estiramientos periódicamente y da paseos cortos.

- A lo largo del día practica la respiración abdominal y haz alguna pequeña pausa para meditar.

- Si te embarga la calma, tus colegas de trabajo estarán más relajados y habrá mayor armonía entre todos. No olvides sonreír con frecuencia.

- Explora los cambios que puedes hacer en tu horario laboral, como empezar a trabajar más tarde, trabajar desde casa o limitar el número de horas que pasas en el trabajo.

■ Crea un programa laboral diario por las mañanas para que tu jornada esté libre de presiones.

■ Pon en práctica los consejos de este capítulo sobre cómo tratar con los colegas de trabajo que te plantean retos o dificultades.

■ Si estás trabajando en un puesto muy estresante y no puedes cambiar esa realidad, analiza tus creencias y tus valores para encontrar la razón de que sigas trabajando en una situación tan difícil.

■ Investiga nuevas posibilidades laborales que sean convenientes para tu sensibilidad.

8

El alimento para el alma de las PAS

Uno de los valores más sobresalientes de ser una PAS es la capacidad inherente que estas personas tienen de vivir profundas experiencias espirituales. En el capítulo 1 dijimos que las PAS suelen vivir en un estado cerebral de onda theta por el que están más abiertas a los sentimientos intuitivos y a captar con más intensidad las vibraciones sutiles (Robertson 2003). La sensación de bienestar espiritual puede ayudarte a enfrentarte a los retos que te plantea la vida y a sentirte más optimista. Un estudio demuestra que la orientación espiritual ayuda a los enfermos terminales a evitar pasar los últimos meses de su vida sumidos en la desesperación (Rosenfeld 2003). Se ha demostrado que estar centrado espiritualmente es crucial para determinar la manera en que uno se enfrenta a la muerte. Expandir nuestra sintonía natural con el espíritu también contribuye a suavizar el trauma que pueda derivarse de vivir situaciones muy complicadas, como una enfermedad o la muerte de un ser querido.

Cuanto más desarrolles tu sentido de la espiritualidad, más fácil será sobrellevar la sobresaturación de estímulos diarios. Es posible que algunos nos resistamos a seguir un camino espiritual debido a que hemos tenido experiencias religiosas negativas a muy temprana edad. Pero piensa en la espiritualidad en términos de amor incondicional, de la belleza de la naturaleza o de un Poder Superior. Es posible que te resulte más cómodo identificarte espiritualmente con alguna figura religiosa como Cristo, el Buda, Mahoma o Krishna, o con algún profeta como Abraham o Moisés. Conozco una persona que es agnóstica pero que también reconoce que la vida es misterio cuando reflexiona sobre la vastedad y el orden del universo. Yo, de joven, era agnóstico, y recuerdo que lo que puso a prueba mis creencias fue una cita tallada en el pupitre al que me sentaba en la clase de Introducción a la Psicología, y que decía: "Dios ha muerto", Nietzsche; "Nietzsche ha muerto", Dios».

En esencia, todas las religiones enseñan lo mismo: amar al divino poder supremo y mostrar compasión por los demás así como por uno mismo. Si pusiéramos a todos los maestros espirituales en una habitación, coincidirían en todo, pero si pusieras a todos sus discípulos en una sola habitación, no coincidirían en nada. Cuanto más cómodos nos sintamos con la divina presencia que habita en nuestro interior, más capaces seremos de gestionar los desafíos que nos trae la vida. El amor estable e inquebrantable de Dios nos procura auxilio durante los tiempos difíciles. A pesar de que la mayoría siempre buscamos el amor y la aprobación de los demás, aunque todas las personas de este mundo nos amaran, no experimentaríamos ni una milésima parte de la dicha que nos procura el amor divino (Amritaswarupananda 1989).

Es importante que la PAS sea práctica y discierna bien cuando se inicie en una nueva práctica espiritual. Empieza despacio para que tu sistema nervioso no se vea expuesto a un exceso de energía. Incluso las experiencias positivas, como las vivencias espirituales profundas, contraer matrimonio o empezar un nuevo trabajo pueden ser demasiado estimulantes para una PAS. Por eso mismo, incluso durante los momentos de auge necesitas recurrir a las mismas técnicas que utilizas para gestionar el estrés, como seguir una rutina diaria, relajarte progresivamente o tomar las infusiones o los complementos alimenticios que necesites.

Mi maestra espiritual, Ammachi, reúne multitudes en torno a ella, y yo me tengo que preparar de antemano si quiero afrontar bien la cantidad de estímulos que van a asaltarme en sus encuentros. Intento asistir a los eventos cuando hay menos gentío, y busco lugares tranquilos durante el día donde refugiarme y poder sentarme con tranquilidad. Aun cuando la programación sigue hasta muy entrada la noche, en general suelo marcharme pronto, porque no funciono bien si duermo poco. Y por la noche me doy todo el tiempo necesario para relajarme después de tanto estímulo como he recibido en presencia de tanta gente. Ahora bien, cuando me siento preparado, puedo tolerar la estimulación de hallarme ante la presencia de una maestra espiritual tan conocida y que goza de tantísimos seguidores y vivir experiencias místicas y positivas.

Comprender trae la paz interior

Cuando comprendes la naturaleza de las personas, es probable que consigas vivir con mayor serenidad. Casi nadie ama a otro más que a sí mismo, y prácticamente la motivación de todos se basa en el interés propio (Amritaswarupananda 1989). Una PAS me dijo un día que solía enfadarse mucho cuando las personas no tenían en cuenta sus sentimientos. Si una amiga no la llamaba, se sentía herida. Cuando se dio cuenta de la naturaleza del ser humano, empezó a aceptar que hay personas que no toman la iniciativa de seguir en contacto. Cuando dejes de apegarte a la idea de que las personas deberían de actuar de una manera determinada, sentirás una mayor paz interior. Por consiguiente, al comprender la naturaleza del mundo, serás capaz de actuar desde tu esencia interior en lugar de estar siempre actuando de una manera reactiva en función del estado de ánimo de las personas y de las situaciones, que siempre son cambiantes.

Aunque hay personas que parecen desprender amor incondicional por los poros de la piel, la mayoría te trata bien porque quiere algo de ti. Fíjate en lo educados que son los vendedores cuando quieren que les compres su producto. ¿Actuarían con tanta amabilidad si supieran que no tienes intención de comprar nada? Con frecuencia la persona que te dijo que te amaría para siempre desaparece si no le das lo que quiere. La naturaleza del amor ególatra del ser humano es condicional. Sin embargo, el amor divino, ejemplificado por auténticos santos como Cristo, el Buda o la Madre Teresa, es incondicional.

Había una vez un pájaro que se había herido en un ala y estaba intentado cruzar un río. Un zorro pasó montado en un bote y le dijo al pájaro que le ayudaría a cruzar el río. El pájaro al principio se mostró reticente a subirse a su bote, pero el zorro le convenció de que llevaba buenas intenciones y no quería hacerle ningún daño. Sin embargo, cuando el pájaro se subió al bote, el zorro lo atacó. La naturaleza del zorro es cazar pájaros, y el animal, sencillamente, no pudo resistirse a la tentación. De la misma manera, cuando comprendes la naturaleza del ego humano, que se basa en el interés por uno mismo, esa persona sensible que eres no se sentirá tan decepcionada cuando se dé cuenta de que ciertas personasególatras, sencillamente, no son capaces de tratar a los demás con compasión.

Nuestro temporalmente sensible sistema nervioso

A las almas sensibles nos resulta fácil empantanarnos en las pequeñas incomodidades de la vida y olvidar que lo que hoy nos parece tan importante apenas lo será el mes que viene o el año próximo. Cuando comprendas profundamente que el breve viaje de tu alma en esta encarnación será muy corto, no te quedarás atrapado en la ilusión de que solo eres un cuerpo sensible. Citaré un verso precioso de una poesía del poeta persa Rumi que ejemplifica la naturaleza transitoria del cuerpo: «Estás en tu cuerpo como la planta que está firme en la tierra» (Barks 1999).

Una PAS, Barbara, me contó que vivió su epifanía siendo una niña. Ser consciente de que había tenido una revelación le ayudó a afrontar su sensibilidad, porque fue capaz de comprender la naturaleza ilusoria de su existencia. Barbara me contó que un día, a los nueve años, se encontraba en el jardincillo en pendiente de la entrada de su casa, que estaba cubierto de hiedra, cuando de repente tuvo la sensación de que la casa que tenía enfrente, en realidad, no era su hogar. Comprendió de súbito que sus padres en realidad no eran su madre y su padre, sino tan solo unos cuidadores que se quedarían con ella durante unos cuantos años. En el fondo de su corazón Barbara notó que pertenecía a un lugar distinto, rebosante de paz y de armonía. Y en el acto se desapegó completamente de todos y de todo y sintió una oleada de felicidad fluyendo por todo su cuerpo. Al cabo de un tiempo, y poco a poco, Barbara recobró su conciencia corporal. Cuando la desconcertada niña intentó explicar la experiencia que había vivido a su madre, la mujer consideró que esa profunda transformación espiritual de la niña había sido un mareo. Sin embargo, Barbara se reservó para siempre esa esclarecedora experiencia en lo más profundo de su corazón.

Muchas personas creen que lo que vemos en este mundo efímero, aunque puede parecernos real, de hecho es una especie de ilusión, porque no hay nada real (que dure para siempre) que pueda ser destruido. Aunque nuestra familia, nuestra casa y nuestra cuenta corriente desaparezcan cuando abandonemos el cuerpo, el amor que hemos compartido y nuestra sintonía espiritual durará eternamente. Cuando muramos, nuestras almas no serán blancas o negras, musulmanas o judías, masculinas o femeninas, sensibles o insensibles. Cuando experimentemos el flujo de la divina energía que conecta nuestros seres, las efímeras diferencias que se ocultan tras la máscara de nuestra personalidad temporal dejarán de ser tan importantes.

Desapego y paciencia

Es difícil para las personas sensibles permanecer desapegadas ante la sobresaturación de estímulos, pero cuanto más practiques la paciencia, menos te irritarán las pequeñas molestias. Se cuenta que un gurú tenía en su *ashram* a una persona francamente desagradable.

Un día, después de hacer enojar a toda la colectividad y probablemente tras haber vuelto locas a las PAS, esa persona tan despreciable se marchó del *ashram*. Sin embargo, el gurú corrió hacia su maleducado discípulo y se ofreció a pagarle si regresaba para que los devotos aprendieran bien las lecciones espirituales del desapego y la paciencia. De la misma manera, cuanto más veas desplegarse el drama de la vida como si estuvieras en un cine contemplando las sombras cambiantes de luz y oscuridad, más tranquilo te sentirás.

Según la maestra espiritual hindú Ammachi: «Tendríamos que ser como un pájaro posado en una ramita seca. Mientras está posado en la ramita, puede ir picoteando la fruta del árbol sin dejar de estar alerta y presto a emprender el vuelo. El pájaro sabe que en cualquier momento la ramita seca podría quebrarse. Del mismo modo, el mundo y las cosas son como una ramita seca porque no nos ofrecen un apoyo duradero. Tenemos que mantenernos alertas y desapegados, como el pájaro, aun cuando estemos en el mundo. Así podremos elevarnos a las cumbres de la felicidad espiritual. Podemos abandonar nuestros cuerpos en cualquier momento, y nunca deberíamos dejar de ser conscientes de cuál es nuestra verdadera naturaleza» (Amritaswarupananda 1989). Cuando reconozcamos que somos un alma infinita en lugar de una Persona Altamente Sensible y temporal, abriremos nuestro corazón y experimentaremos más alegría.

Podrás ser capaz de trascender tus retos temporales cuando crezcas espiritualmente a través de la meditación, la plegaria, la lectura de libros espirituales, de pasar un tiempo en un entorno natural y silencioso, de repetir un mantra y de reunirte con otros maestros y otras personas que también se dedican a la búsqueda espiritual. Cuanto más desinteresadamente te prestes a ayudar a los demás, menos te centrarás en tus propios problemas, porque crecerás espiritualmente sirviendo a la humanidad. Finalmente, también puedes hacer más acopio de paciencia y practicar mejor el desapego siguiendo la oración de la serenidad dedicada a san Francisco: «Dios me da la serenidad de aceptar las cosas que no puedo cambiar, el valor de cambiar lo que es posible cambiar y la sabiduría para comprender la diferencia que existe entre ambas cosas».

Sentir gratitud expande el alma

Una de las cualidades espirituales más importantes que podemos desarrollar es la gratitud. En el capítulo 5 recomendé que antes de acostarte anotaras todo aquello por lo que das gracias a la vida. Al centrarte en los aspectos positivos de la vida, te sumirás dulcemente en el sueño con una actitud positiva en lugar de irte a dormir con tus preocupaciones por compañeras. Por otro lado, es un ejercicio excelente que puedes hacer a diario para potenciar tu crecimiento espiritual.

No hace mucho me enviaron este correo electrónico anónimo que encontré muy inspirador:

> Si te levantaste por la mañana sintiéndote más sano que enfermo, tienes más suerte que el millón de personas que habitan en este planeta y no pasarán de esta semana.
>
> Si puedes asistir a un encuentro religioso sin miedo al acoso, al arresto, a la tortura o a la muerte, siéntete

bendecido, porque hay tres mil millones de personas en este mundo que no lo están.

Si tienes comida en la nevera, ropa con que cubrirte, un
techo sobre tu cabeza y un lugar donde dormir, eres
más rico que el 75% de la población de este mundo.

Si tienes dinero en el banco y en la cartera, y encima te
queda calderilla guardada en ese cuenco que tienes
por ahí, te cuentas entre el 8% de la población más
rica del planeta.

Si puedes coger a alguien de la mano, abrazarlo o incluso tocarlo en el hombro, estás bendecido, porque
ese contacto que ofreces, sana.

Si puedes leer este correo electrónico, eres mucho más
afortunado que los dos mil millones de personas de
este mundo que no saben leer.

¿Por qué cosas debes dar las gracias a la vida? Escribe todo aquello que te hace sentir agradecimiento. Intenta hacerlo cada mañana, y verás como tu día a día empezará a valer más la pena de ser
vivido.

Demuestra gratitud

A veces las PAS tienden a centrarse en las pequeñas molestias que
les causan los demás. Cuanto más te concentres en las características positivas de tu prójimo, más feliz serás. Usa tu profunda
compasión para perdonar a todos y abre tu corazón haciendo
actos de amor y de bondad. Cuando me quejo de la conducta de

otra persona, siento que mi energía baja en picado. Tengo un amigo, Adam, que siempre me pide que no diga nada negativo sobre los demás. Y he descubierto que me siento mucho mejor después de haber pasado un rato con él que cuando me dedico a hacer comentarios despreciativos sobre terceras personas. ¿Cuentas con algún amigo o con un miembro de tu familia que te recuerde que no hay que hacer observaciones peyorativas sobre los demás?

Corre por ahí una historia magnífica que trata de una maestra que les pidió a sus alumnos que escribieran una cualidad positiva de cada uno de sus compañeros. Cuando las hubo recopilado en una lista que entregó a sus alumnos, los muchachos se quedaron de piedra al ver todos los elogios que sus compañeros les habían dedicado. Muchos años después uno de esos alumnos murió en Vietnam, y la madre del chico fallecido mostró a la maestra un trozo de papel rasgado que encontraron en su cartera: era la lista con todas las buenas cualidades que los compañeros de su clase habían escrito sobre él. Y resultó que durante el funeral hubo muchos alumnos más que dijeron a la que había sido su maestra en aquellos tiempos que ellos también habían guardado la lista de los valiosos cumplidos. Esta historia da fe del poder del amor y de la bondad, así como también ilustra que todos queremos sentirnos amados y aceptados exactamente como somos.

Aunque como personas sensibles podemos experimentar emociones negativas como el miedo, la rabia, el odio y los celos con más intensidad que los demás, también podemos sentir el amor con más pasión que la mayoría de personas no sensibles. Dado que el amor es la emoción más fuerte que existe, puedes recurrir al poder infinito del amor divino para sanar tus relaciones. Cuando perdonas a los demás gracias a que te sintonizas con el profundo poder del amor que llevas en tu interior, surge la paz como el arco iris tras una refrescante lluvia.

La maestra espiritual Peregrina de la Paz, una anciana que recorrió en solitario Estados Unidos a pie durante treinta años promoviendo la paz interior y exterior, creía en la bondad inherente de todas las personas. Y solía exclamar con frecuencia: «¿Verdad que la gente es maravillosa?» Contaba que cuando era joven había una mujer que le tenía celos y siempre se empeñaba en herirla. Ella, en cambio, se enfrentaba a cada uno de sus insultos con actos de amorosa bondad, y tras verla expresar ese amor tan genuino, esa otra mujer terminó por ablandarse y se convirtió en amiga suya (Peregrina de la Paz 1982). Dotado de la capacidad infinita de expresar compasión, tú también puedes superar el odio con amor lanzándote a descubrir las características positivas que permanecen ocultas incluso en las personas más insensibles.

La inocencia de un niño

Muchos maestros espirituales ponen de relieve que necesitamos tener la inocencia de un niño para crecer espiritualmente. De adultos solemos centrarnos exclusivamente en la mente y dejamos que el ego lo juzgue todo: cosas y personas. El ego/la mente puede bloquear nuestra inocencia inherentemente pura e infantil e impedir que resurja. En nuestro intento de alimentar el ego buscando un constante reconocimiento, perdemos la posibilidad de abrirnos a lo divino. Conviértete en un cero… y serás un héroe (Amritaswarupananda 1989).

Un niño se abre a la vida de manera espontánea. Fíjate en la manera tan dulce y fácil con que los niños que no se conocen entre sí se ponen a jugar juntos sin emitir juicios ególatras y preconcebidos. Quiero compartir una carta que ejemplifica bien la inocencia de los niños (Zeff 2002). Me la envió un niño que asistió a un encuentro espiritual del que fui asesor durante varios años.

Hola, Ted.

La escuela me va bien, y mi asignatura favorita son las matemáticas. Pero tengo algunas preguntas y no sé si puedo hacértelas.

Me pregunto si puedes decirme qué pasa cuando nos morimos, porque estoy un poco asustado.

También me pregunto si un día volveré a ver a mi abuela. Murió hace dos años, y cuando pienso en ella me pongo triste porque la echo de menos y me gustaría volver a verla.

Cuando me muera, ¿puedo ser un ángel e ir al cielo para estar con Dios, o puedo volver para ser el ángel de la guarda de un niño? A lo mejor puedo ser un ángel de la guarda de otro niño como yo que también esté asustado y lo pueda ayudar.

¿Qué pasa si queremos cosas que no son de Dios, como por ejemplo ser un jugador de fútbol famoso o ir al centro comercial y comprar lo que nos gusta?

Tu querido amigo,
Daryl

Me conmovieron la inocencia y la espontaneidad del muchacho e intenté contestar su carta de todo corazón.

Querido Daryl,

A mí también me da miedo morir porque no sé exactamente lo que pasará. Te contaré una cosa: mi padre murió hace dos meses, y un día que estaba meditando y muy concentrado sentí que mi padre había abandonado su cuerpo con una profunda alegría. He hablado con muchas personas que han tenido experiencias similares, y que han sentido que sus seres queridos están muy felices. Por eso, aunque da mucho miedo morirse, todo lo que he vivido y leído de los santos me dice que el alma es feliz cuando abandona el cuerpo. Es como tener un coche viejo que no funciona muy bien y hay que cambiarlo por un nuevo modelo.

Yo también echo de menos a mi padre, y es natural que reaccionemos así cuando alguien cercano a ti se va. Aunque no puedas ver a tu abuela, ella quizá sí pueda verte a ti y ayudarte desde el otro lado, como un ángel de la guarda. Creo que sí que volveremos a «ver» a nuestros seres queridos, pero a lo mejor tendrán una forma distinta.

Quizá un día seas un ángel de la guarda. Pero lo importante es ser amable y amar a los demás, porque así serás un ángel de la guarda en la Tierra para muchos otros niños que estén tan asustados como tú.

No te quepa duda que está muy bien querer ser un futbolista famoso o querer comprarte algo en el centro comercial. Pero eso sí, recuerda que todo procede de la divinidad, y que tienes que dar gracias a Dios por todos los regalos que te ha dado. A menudo he visto a atletas famosos dando las gracias a Dios por el talento que poseen. A propósito, Dios no habría creado esas cosas tan bonitas que te gustan del

centro comercial si no quisiera que las disfrutaras. Disfruta
de todo, vive en el presente y no te preocupes; sé feliz. Dios
te quiere mucho y también quiere mucho a tu familia, a tus
amigos y a mí.

Ted

Cuando eras un niño sensible e inocente tu vulnerabilidad quizá te hizo creer que tenías algún defecto, sobre todo cuando las personas te decían aquello tan falso de que ser sensible, era algo malísimo. Jay, un hombre cuarentón altamente sensible me contó que una profesora muy agradable que tuvo en sexto de Primaria le ayudó a darse cuenta de que ser sensible no significaba ser mala persona. Su familia, sus compañeros y el resto de los profesores le habían dicho que su conducta introvertida y sensible era inaceptable, sobre todo porque era un chico. Por desgracia, Jay se había creído todas esas mentiras y llegó a considerarse una persona espantosa.

Un día, su maestra de sexto le pidió que se quedara un momento al terminar las clases porque lo había visto caminando por el patio triste y solo durante el recreo. Jay le contó a la maestra que los otros muchachos no querían jugar con él porque a él le gustaban los juegos más tranquilos, y los chicos solo querían jugar a fútbol. Si jugaba a la rayuela o con las niñas, los niños se burlaban de él, y que por eso iba dando vueltas solo por el patio. Su maestra le dijo que era una persona muy especial porque era muy sensible, y que ayudaría a muchas personas a lo largo de la vida porque era muy agradable. Y además le dijo que los niños se equivocaban al burlarse de su amabilidad natural.

Cuando la maestra le dijo a Jay que era una buena persona, él la contradijo porque sabía que sus padres, sus hermanos y todos los demás niños le habían dicho que era una persona desagradable porque era muy sensible y tímido. La maestra, que era una persona compasiva, empezó a alabar a Jay delante de toda la clase durante lo que quedaba de curso diciendo que era maravilloso que fuera alguien tan sensible. Jay compartió con nosotros esta emotiva historia con lágrimas en los ojos, y recordó que su maestra fue la única persona que le dijo que su sensibilidad le serviría para convertirse en un ser humano de esos a los que vale la pena conocer. Como hizo la maestra de Jay, tú también puedes convertirte en ese faro de luz que ilumine a los niños sensibles e infelices alabando y valorando su naturaleza amable y dulce.

Una perspectiva metafísica

La acupuntura ha demostrado que en nuestro cuerpo hay caminos que necesitan ser abiertos para que la energía no se bloquee. Las investigaciones demuestran que existen siete centros energéticos en el cuerpo humano (Myss 1996). Las PAS tienden a tener abiertos los centros de energía superiores, mientras que pueden llegar a tener cerrados los centros de energía inferiores. Cuando las Personas Altamente Sensibles viven solo de los tres centros energéticos superiores: coronilla, tercer ojo (un punto que existe entre las cejas) y la zona de la garganta, absorben constantemente la energía de los demás. Cuando los centros de energía inferiores que tenemos en la zona del abdomen, la base de la columna vertebral y el área que se sitúa ligeramente por debajo de la base de la columna vertebral están cerrados, la PAS pueden haber perdido su arraigo terreno. Abriendo sus centros de energía inferiores, una PAS logrará estar más centrada y permitirá que el flujo de energía recorra su cuerpo. Este flujo de energía equilibrada te ayudará a gestionar mejor los estímulos. La meditación para centrarte que describimos en el capítulo 2 sirve especialmente para arraigarnos. Si te parece, puedes aplicarte aceites pesados (que te arraiguen), como el aceite de sésamo, en los centros energéticos inferiores o consumir tubérculos cocinados, que pueden ayudarte a centrarte más.

Algunas PAS refieren haber encontrado consuelo en el sistema de creencias de las filosofías orientales basadas en el budismo o el hinduismo. Desde esta perspectiva, los sufrimientos que las personas padecen en la vida se deben a un karma negativo que adquirieron durante esta vida o en anteriores encarnaciones. Y los acontecimientos positivos de nuestra vida se basan en los méritos que conseguimos en esta vida o en vidas anteriores. Si contemplamos la situación desde este punto de vista, podríamos considerar que quizá fuiste una persona insensible en una vida anterior y, debido al karma que adquiriste entonces, ahora tienes que vivir con un sistema nervioso sensible. Desde una perspectiva occidental, muchas PAS también han encontrado consuelo al ser conscientes de que cosecharán buenos resultados si emprenden buenas acciones. Siempre podemos hacer que disminuyan las consecuencias de nuestro karma en los tiempos difíciles por medio de buenas acciones, a través de la oración y la meditación. A pesar de que a veces nos desespere el hecho de que por causa de nuestra sensibilidad la vida nos plantea muchos retos, los obstáculos que percibimos pueden ser oportunidades que se nos presentan para que crezcamos y nos acerquemos más a Dios.

La meditación, la naturaleza y tu espiritualidad

Muchos maestros espirituales nos han enseñado que el propósito de nacer humano es para que nuestra alma individual se expanda hacia el amor infinito y la infinita luz de Dios. A través de la meditación y pasando un cierto tiempo en la naturaleza, las Personas Altamente Sensibles pueden experimentar sin problemas la resplandeciente energía divina que fluye a través de nosotros. En este libro hemos hablado de los beneficios de la meditación. A través de la contemplación interna y de la reflexión, podemos desarrollar nuestra capacidad espiritual innata y calmar nuestro sistema nervioso. He observado que muchos alumnos que son altamente sensibles viven una transformación espiritual espectacular tras una meditación guiada. Aunque lleguen a clase sintiéndose inquietas, tras una breve meditación las PAS entran fácilmente en un estado de tranquilidad y dicha.

Aunque tu sensibilidad al ruido y tus pensamientos recurrentes puedan distraerte durante la meditación, todavía puedes obtener grandes beneficios integrando esta práctica a tu vida diaria. Nunca sabes cuándo te verás bendecido con una experiencia espiritual profunda. A veces he tenido una sensación de dicha repentina incluso durante una meditación en la que me he sentido inquieto.

Cuando practiques la meditación de manera periódica, podrás experimentar la conexión de tu alma con lo divino y los desafíos mundanos de tu sensibilidad palidecerán en comparación. Y aunque no tengas ninguna experiencia espiritual profunda, meditar permitirá que tu conciencia trascienda de manera momentánea este plano terreno temporal mientras te sumerges profundamente en el espíritu.

Pasar un cierto tiempo en la naturaleza también puede despertar tus cualidades espirituales innatas. Tu sistema nervioso altamente sensible se relajará, ostensiblemente, cuando pases un cierto tiempo en la calma que brinda la naturaleza. En un entorno urbano, es fácil que termines engañándote y pienses que es natural verte atrapado en los atascos de las autovías, respirar aire contaminado y oír las bocinas de los coches. En la bucólica naturaleza puedes sentir tu conexión con lo divino con mayor intensidad.

Al ser una PAS tienes la capacidad de sentir más alegría y de valorar la belleza de una manera más intensa; por eso puedes entrar instantáneamente en un estado de tranquilidad cuando pasas un cierto tiempo en un entorno natural bello. Tu alma se eleva espontáneamente hacia un estado divino mientras observas la armonía que existe en la naturaleza. Por ejemplo, un manzano da todos sus frutos a los demás y no se guarda nada para sí, aun cuando lo corten para hacer leña (Amritaswarupananda 1989).

La muerte no existe

La idea de la muerte puede parecerles aterradora a algunas PAS. Como muchos hemos pasado toda la vida intentando controlar una gran cantidad de estímulos irritantes, quizá tengamos miedo de lo que nos pueda suceder cuando abandonemos nuestros cuerpos sensibles. ¿Nos molestará la sobresaturación de estímulos en el otro lado? La buena noticia es que, como no existirá el «tiempo» en el otro lado, no tendremos que preocuparnos por la presión de los horarios, y además tampoco creo que vaya a haber teléfonos móviles en el cielo. Y, ahora hablando en serio, dudo que sigamos teniendo los mismos desafíos que nos plantea nuestra sensibilidad en el momento en que abandonemos nuestro cuerpo.

El miedo a la muerte también puede originarse en la idea de que la muerte destruirá todo lo que tienes, todo aquello a lo que estás apegado y a lo que te aferras. Aferrarse causa dolor. Si puedes abandonar todos tus apegos, morir no será tan terrible (Amritaswarupananda 1989). Desde la perspectiva de la reencarnación, envejecer y aproximarse a la muerte es una situación en la que siempre sale ganando el aspirante espiritual porque, o bien estás más cerca de conseguir un nuevo cuerpo sano cuando vuelvas a nacer, o bien terminarás fusionándote para toda la eternidad en el amor de Dios.

La mayoría de personas pasan mucho tiempo y gastan mucho dinero intentando parecer atractivas haciendo dieta, comprándose ropa de marca, pagando servicios de peluquería para teñirse el pelo y matriculándose en clubes sociales y gimnasios carísimos. Sin embargo, yo creo que nuestra conciencia dará un salto cuántico espiritual cuando nos demos cuenta de lo absurdo que resulta subirnos el ego embelleciendo nuestros cuerpos, que por otro lado van a terminar enterrados bajo tierra o siendo un montón de cenizas dentro de unos años (Zeff 2002). A veces no escuchamos a nuestro guía interior y creemos en los valores de las personas que no son sensibles mientras sacrificamos nuestra salud física y emocional para ganar dinero, posición y fama. Una vez vi un adhesivo en el parachoques de un coche en el que ponía: «El que muera teniendo más juguetes que los demás, gana». Sin embargo, la persona que tiene más juguetes que los demás al final también muere, y puede llevarse el karma que se ha creado con esos juguetes a su próximo nivel de existencia.

Cuando nos identificamos solo con nuestra forma física, somos vulnerables al miedo porque tememos por su destrucción. Sin embargo, cuando sentimos que nuestra esencia interior permanecerá, el miedo disminuye. Apenas en cien años, todos los que hemos estado intentando proteger desesperadamente nuestros cuerpos sensibles habremos desaparecido de la faz de la Tierra. Ahora bien, cuando meditemos sobre la idea de que nuestra verdadera esencia seguirá existiendo, surgirá una sensación de profunda paz interior.

Cuando hablamos del miedo a la muerte en una de mis clases, Alan me dijo que un día que estaba nadando en el océano Pacífico estuvo a punto de ahogarse. Una ola poderosa se lo llevó mar adentro. Alan no tenía fuerzas para mantenerse a flote y luchaba por conseguir una bocanada de aire. Mientras olas enormes lo hundían hacia el fondo, Alan pensó que su muerte era algo inminente. Toda la clase se quedó sorprendida de oír que, en medio de esa refriega, a Alan le dio por reírse a carcajadas porque reconoció que los problemas que tan importantes le habían parecido durante el día ya no tenían ningún sentido para él. Alan fue salvado en el último instante, y tomó conciencia de que sus preocupaciones imaginarias volvían a cebarse lentamente en él a medida que el día iba avanzando.

A pesar de que comprendamos de una manera intelectual, y también creamos, que el alma sigue viva tras la muerte, nos sentimos desolados emocionalmente, como es natural, cuando nuestros amigos y nuestros familiares mueren. Una PAS me contó que su sistema nervioso se había sumido en estado de *shock* el día en que le dieron la noticia de que su madre había muerto. Las PAS a menudo sienten más el duelo, o sea que hazte a la idea de que vas a sollozar de lo lindo, mucho más que esos amigos tuyos que no son tan sensibles. En épocas traumáticas tienes que recurrir a todas las técnicas de relajación expuestas en este libro.

Me gustaría compartir contigo la idea de que, como hombre altamente sensible que soy, recurrí a la compasión, la sensibilidad

y la fuerza espiritual que hay innatas en mí para afrontar el falle-
cimiento de mi padre, hace algunos años. Cuando me enteré de
que mi padre se estaba muriendo, fui inmediatamente a la resi-
dencia de ancianos donde vivía y le llené el dormitorio de flores,
le puse sus conciertos favoritos de música clásica y le leí poemas
de los libros de poesía que tenía y que tanto amaba. Arropé a mi
padre en la cama con una manta de color magenta que mi abuela
había tejido para su hijo menor hacía casi un siglo. Y aunque me
sentía muy apenado, encontré consuelo en la bendita manera en
que mi padre estaba abandonando su cuerpo: postrado en una
habitación soleada llena de ramos de flores que desprendían su
dulce fragancia mientras escuchaba unas sonatas magníficas rodeado de amigos y familiares que le decían cuánto le querían.

El estado de salud de mi padre se mantuvo estable durante
unos días, aunque permanecía dormido la mayor parte del tiempo. A pesar de que él estaba sumido en un sueño profundo, yo
sentí en un nivel sutil que su alma todavía podía oírme mientras le
leía poesía para levantarle el ánimo, una poesía que le había gustado toda la vida. Empecé a leerle un poema de Edna St. Vincent
Millay titulado *Mi vela arde por los dos extremos*: «Mi vela arde por
los dos extremos, de esta noche no pasará». Y, de repente…, oí la
voz de mi padre, muy débil, recitando en un susurro la poesía de
memoria: «… de esta noche no pasará, pero ¡ah, mis rivales!, ¡ah,
mis amigos!, una luz preciosa da» (Sullivan 1978). Mientras me
hacía a la idea de que mi padre quizá no pasaría de esa noche, me
sentía agradecido de que hubiera aportado tanta luz y tanto amor
a lo largo de su vida.

Quizá el débil resplandor de su cuerpo se extinguiría, pero yo
recé para que su alma se fusionara con la luz eterna de la divinidad. Cuando regresé a casa exhausto y ya de noche, me sumí en

un sueño profundo, y al cabo de unas horas me desperté con un dolor insoportable en la pierna izquierda. Durante las últimas semanas de su vida, mi padre se quejó del intenso dolor que le provocaban unas heridas abiertas y casi gangrenosas que tenía en la pierna izquierda. El dolor agudo que yo sentí en la pierna era insoportable, pero solo duró unos momentos. Tan pronto como se hubo disipado, me sentí flotando en el espacio, atraído por un intenso y lumínico haz de luz azul plateado. Fue la visión de mayor belleza que haya visto jamás. Y, a su vez, una profunda sensación de libertad y de alegría envolvió todo mi ser. Había pasado un cierto tiempo sumido en este estado de bendición cuando me di cuenta de que mi padre debía de haber abandonado ya su cuerpo. Volví a dormirme, y cuando mi sobrino me llamó de buena mañana para decirme que mi padre había fallecido a las doce y media de la noche, me di cuenta de que esa era la hora exacta en que yo había hecho mi viaje astral.

Cuando vienes al mundo no traes nada contigo. Cuando abandonas la Tierra, solo el mérito de los actos de desprendimiento y amor que hayas compartido te acompañará en el viaje final (Amritaswarupananda 1989). A medida que creces espiritualmente y te vuelves consciente de la naturaleza temporal del mundo, tu sensibilidad se convierte en alegría y eres capaz de repartir tu amor y tu compasión a todos los seres sensibles, y de ayudar a elevar los ánimos de esa humanidad que sufre. Siempre que te centres en la energía luminosa y divina que fluye en tu interior, practiques las técnicas de gestión que te damos en este libro y ames, y además valores tu sensibilidad, sentirás alegría y tranquilidad durante el resto de tu vida y a lo largo de toda la eternidad.

9

Respuesta a las preguntas más comunes de las PAS

Este capítulo incluye preguntas que han formulado las PAS con sus correspondientes respuestas. He elegido las que pueden ayudarte a poner en práctica varias de las sugerencias que he ido haciendo a lo largo del libro. Aunque algunas de ellas no se adapten exactamente a tu situación, este capítulo te dará varios ejemplos que te ayudarán a aprender a realizar cambios positivos. El formato de esta sección será distinto del resto del libro, dado que solo contiene preguntas y respuestas. De todos modos, no estaría de más que señalaras las respuestas que te gustaría integrar en tu vida.

Pregunta: *He vivido solo en mi cómodo piso de Nueva York durante veintitrés años. El año pasado unos inquilinos muy insensibles se mudaron al piso de arriba. Ponían la música a todo volumen hasta altas horas de la noche. Es más, todavía noto el bajo reverberándome en los oídos. Y por si no fuera suficiente con poner la música a todo volumen, estos vecinos se pasaban toda la noche andando arriba y abajo, hasta el* *punto de que parecía que arriba vivía una manada de elefantes. Cuando le pedí a mi vecino, que es un grosero, que bajara la música y procurara caminar con más suavidad, me soltó un insulto y me dio con la puerta en las narices. Me quedé helado al ver el ataque tan frontal de ese hombre. El casero me ha dicho que esos vecinos tan maleducados dicen que todo es culpa mía, que no ponen la música tan alta y que ningún otro vecino se ha quejado. A mí me da miedo llamar a la policía porque ese hombre me ha amenazado y me ha dicho que, si vuelvo a molestarle, lo lamentaré. Me cuesta mucho ser productivo en mi trabajo porque me faltan horas de sueño. ¡Esos malditos vecinos me tienen despierto toda la noche! Mi salud empieza a acusar esta situación, y siento como si fuera a tener una crisis nerviosa. No me digas que me mude, porque vivo en un piso de renta controlada y no puedo permitirme pagar un alquiler tal y como están los precios hoy en día. Tampoco me planteo la idea de marcharme de Nueva York. ¿Qué puedo hacer?*

Respuesta: Como PAS, comprendo muy bien tu situación. Vivir en un piso puede ser todo un reto para las personas sensibles. Intenta trabar amistad con ese vecino insensible, pídele al casero o a la policía que intervengan o realiza algún cambio respecto a la situación actual de tu vivienda. Si todos los intentos de remediar la situación fracasan, tienes que preguntarte si vale la pena que se deterioren tu salud física y mental por conservar tu hogar. Siempre existen opciones: uno nunca está atascado.

Te recomiendo que consultes con un asesor profesional que te ayude a dirimir esta situación insostenible. Si no tienes los recursos para pagarte un terapeuta particular, existen clínicas con precios más económicos en todos los barrios. Analiza bien la idea de si es cierto que solo puedes vivir en Nueva York, que no existen otras opciones que te puedas permitir y que es cierto que es necesario que vivas solo. Explora por qué te aferras a estas creencias, y piensa en cómo te sentirías si renunciaras a ellas. Aunque siempre he aborrecido la idea de abandonar la seguridad que me da mi propio espacio, he terminado por aprender que siempre habrá otra casa cómoda y agradable esperándome si me abro a la posibilidad del cambio.

Pregunta: *Mi compañera de piso me está volviendo loca. Llega tarde todas las noches, cuando ya estoy durmiendo, y empieza a trastear por la cocina. Mi dormitorio está justo al lado, y le he dicho muchas veces que me despierta cuando se pone a cocinar de madrugada. Ella dice que intenta no hacer ruido, pero que mi sensibilidad coarta su estilo de vida. Tampoco puedo soportar los olores que salen de la cocina y entran en mi dormitorio después de haber preparado sus guisos, ni la luz brillante que se cuela por debajo de la puerta.*

Respuesta: No acabo de entender cómo has terminado soportando una situación tan incómoda, pero está claro que no te conviene. Como PAS tienes que ser muy precavida cuando entrevistes a compañeros de piso potenciales, y cuando intentes localizar una posible casa futura, presta atención a los ruidos, los olores potenciales y los fallos en la iluminación. Las PAS necesitan un dormitorio silencioso, oscuro y libre de olores. Intenta negociar con tu compañera de piso y pídele que se ponga a cocinar más temprano. Dile que ya lavarás tú los platos al día siguiente, o pregúntale si es posible que cambiéis de habitación. Una buena idea es hacer una lista con todas tus exigencias para sentirte cómoda en casa. Y luego, asegúrate de que las exigencias de ambas están satisfechas antes de mudarte a un nuevo hogar.

Pregunta: *Sé que no es bueno para mí estar mirando constantemente el móvil pues me pongo nerviosa. Pero soy incapaz de dejar de hacerlo. También me resulta difícil poner un límite al tiempo que paso haciendo búsquedas en el ordenador cuando me conecto a Internet. ¿Cómo puedo ponerle fin a mi necesidad de estar siempre mirando el móvil y no poder parar de hacer búsquedas en Internet?*

Respuesta: En la actualidad, mirar constantemente una pantalla es una adicción para muchas personas, como los juegos de azar, el consumo de drogas o la compra compulsiva. Si sientes ansiedad cuando no puedes mirar tu móvil durante 72 horas es probable que seas adicta. Debes buscar el apoyo de otras personas que también quieren librarse de esa adicción. Estableced un pacto de ayuda mutua para reducir el tiempo de uso del móvil y del ordenador. Sería algo semejante a tener un guía en un programa de doce pasos. Cuanto más clara te quede la forma tan negativa en que la adicción a las pantallas está afectando a tu sistema nervioso y a tu salud emocional, mejores serán las posibilidades de que diseñes un plan para limitar el tiempo que pasas ante las pantallas.

Podrías empezar, paulatinamente, por poner tu móvil en modo avión durante varias horas a lo largo de la jornada. Elige las horas en las que te resulte mejor estar sin utilizar el móvil o el ordenador. Intenta dejar tu teléfono en casa al menos una vez al día cuando sales. En especial cuando vas a estar en contacto con la naturaleza o cuando das un paseo por la playa o por el bosque. Del mismo modo en que algunos padres utilizan programas informáticos para desconectar sus móviles o tabletas, también tú puedes utilizar esas tecnologías.

Pregunta: *Mi vecino siempre aparca su horrible camioneta en la calle, delante de casa, y me duele la vista cada vez que voy a la sala de estar y me siento en el sofá. Le he pedido varias veces, y con mucha amabilidad, que por favor aparque el vehículo tan solo unos metros más abajo, pero él se niega a hacerlo. Dice que la calle no es mía. ¿Qué puedo hacer?*

Respuesta: Si ya se lo has pedido a tu vecino con buenas formas y él se ha negado, ¿por qué no intentas averiguar por qué no quiere aparcar lejos de la ventana que da a tu sala de estar? Quizá piensa que quieres imponerle tu criterio, o está enfadado contigo por alguna otra razón. También es posible que tu vecino sea una persona grosera e insensible. Aun así puedes trabar amistad con él y ayudarle como vecino.

Si se niega a apartar su vehículo, tendrás que ceder ante esa situación porque, en último término, no podemos cambiar a nadie; nosotros somos los únicos que podemos cambiar. Cuando alguien infringe tu espacio, eso puede desencadenar tu rabia y recordarte ese período de la infancia en que nos sentíamos indefensos al ver violado nuestro entorno. Examinar el origen de tu irritabilidad puede ayudarte a resolver este conflicto interno. A nivel práctico, piensa si no te iría bien plantar un hermoso arbusto florido junto a la ventana que tapara esa vista tan fea que tienes, o cambiar de sitio el sofá y disponerlo frente a una fotografía de un bello paisaje. Podrías comprar un par de cortinas a juego para el ventanal y correr la más fina para no tener que ver esa monstruosidad sin impedir que la luz entre. No te aconsejo que eches más leña al fuego intentando bloquear ese espacio o llamando a la policía. Lo último que le conviene a una PAS es andar preocupada todo el día porque tiene un vecino enfadado que no para de atacarla.

Pregunta: *Mi vecino es muy ruidoso y siempre estamos peleando porque pone la música muy alta y se niega a bajarla. El casero ya le obligó a bajar el volumen, y mi vecino ha terminado por mudarse a otro piso del mismo edificio. Cada vez que nos cruzamos me lanza miradas asesinas, y eso me molesta mucho. ¿Qué puedo hacer para que cambie de actitud?*

Respuesta: Aunque tu vecino sea culpable de vuestras diferencias en un 99%, si tú no fueras tan sensible, quizá no te molestaría que pusiera la música tan alta. Probablemente estabas enfadado cuando le dijiste que bajara la música, o cuando le contaste tu situación al casero. Es posible que ese hombre se haya sentido atacado. Piensa que es él quien ha tenido que marcharse de casa por tus exigencias. Te recomiendo que recurras a la técnica de la disculpa del 1% con esta persona, ya sea verbalmente o por escrito. Dile que si no fueras tan sensible a los ruidos no os habríais peleado, y discúlpate por los inconvenientes que hayas podido causarle. Hay muchas posibilidades de que, si te disculpas, al final él termine por dejar de lanzarte esas miradas asesinas y los dos viváis en paz.

Pregunta: *Siempre insistes en que es necesario ir más despacio y crearse un entorno tranquilo en el trabajo porque es uno de los recursos que tienen las PAS para reducir la estimulación. Sin embargo, yo vivo en el mundo real, y tengo que ganarme la vida para mantener a mi esposa y a mis hijos. Tardo una hora para llegar al trabajo y siempre trabajo bajo presión en el despacho para cumplir con las fechas de entrega de mis proyectos. Por las noches regreso tarde a casa y me siento agotado y tenso. Tu plan es buenísimo si puedes permitirte el lujo de no tener que trabajar, pero yo no tengo esa alternativa.*

Respuesta: Tus palabras delatan que crees que no tienes capacidad de elección en esta vida, que debes forzarte a trabajar como si fueras una olla a presión. Valora si esa creencia de que tienes que trabajar bajo unas circunstancias tan austeras y tensas no es una creencia adquirida. ¿Qué valores te inculcaron tus padres, tus amigos y tus profesores para que llegaras a forjar tu sistema de creencias? ¿De verdad piensas que tu empleo actual es la única opción de que dispones para mantener a tu familia?

Tuve un alumno que trabajaba en circunstancias parecidas a las tuyas y siempre me estaba diciendo que no podía dejar el trabajo. Trabajaba de chef en un restaurante de moda, y como ganaba un buen salario, se podía permitir pagar el elevado alquiler mensual que cuesta vivir en San Francisco. Trabajaba muchas horas, seis días a la semana, bajo constante presión. Su intenso horario laboral le hacía padecer un insomnio severo, y le provocó una úlcera y migrañas. Cada semana, cuando venía a clase, dejaba bien claro que no podía permitirse abandonar su trabajo porque mantenía a su esposa y a sus dos hijos pequeños.

Y cada semana también, en clase, se cuestionaba si en realidad tenía que seguir con ese trabajo tan estresante, hasta que llegó a la conclusión de que el deterioro físico y emocional que ese empleo le causaba, sencillamente, no merecía la pena. Cuando cambió su forma de pensar y se dio cuenta de que merecía vivir feliz, encontró un empleo con un salario inferior, pero sin tanto estrés, situado en un entorno rural en el que los costes de la vivienda eran una pequeña fracción de lo que había estado pagando hasta entonces. Un tiempo después este mismo estudiante me dijo que, al cabo de unos meses de haber cambiado de trabajo, el insomnio, la úlcera y las migrañas prácticamente le habían desaparecido. Cuando somos conscientes de nuestra mortalidad y de la naturaleza temporal del cuerpo, empezamos a entender el verdadero objetivo de la vida, que es desarrollar la paz interior.

Pregunta: *Una parte de mi trabajo consiste en responder al teléfono al primer toque, y no puedo poner en práctica el consejo que nos das de considerar el timbre del teléfono como una señal que me indica que debo relajarme dejándolo sonar tres o cuatro veces antes de responder. No tengo tiempo de respirar despacio y hondo varias veces, de recitar un mantra y visualizar cómo mis músculos se relajan. Me gusta pensar que tengo que acordarme de relajarme en el trabajo al oír el timbre del teléfono, pero no creo que eso sea viable en mi trabajo actual.*

Respuesta: El timbre del teléfono puede ser la señal que indique que toca respirar hondo al menos una sola vez y relajar tus músculos antes de contestar. Intenta programarte pausas breves para meditar durante la jornada laboral y una más larga durante la hora del almuerzo. Meditar y practicar la relajación progresiva durante unos minutos al día beneficiará tu salud psicológica y fisiológica. Si tu jefe no te permite tomarte un breve descanso cada hora, quizá debas buscar un puesto de trabajo en el que comprendan mejor a las PAS.

Pregunta: *Trabajo en una oficina muy estresante de Chicago, y la compañera que se sienta junto a mí hace mucho ruido. Intenté explicarle que soy una PAS y se burló de mí y me preguntó qué médico me diagnosticó esa enfermedad. Me dijo que soy demasiado exigente, y que las cosas no tendrían que molestarme tanto. Alza la voz con un tono que me irrita mucho, para hacerme callar cada vez que le pido que hable más bajo, que deje de mascar chicle con la boca abierta o que apague la radio. Ya no tengo ganas de seguir diciendo a los demás que soy una PAS.*

Respuesta: Hay alrededor de cincuenta millones de PAS en Estados Unidos, y se cuentan centenares de millones en el planeta. O sea que, aunque seamos minoría, somos una inmensa minoría. De los doscientos cincuenta millones de personas que no son altamente sensibles que viven en Estados Unidos, a ti te ha tocado tratar con una persona muy insensible. Por experiencia puedo decirte que la amplia mayoría de personas que no son altamente sensibles son muy empáticas cuando les digo que mi sistema nervioso es muy sensible. ¿Verdad que cuando has tenido una mala experiencia con un médico probablemente no dirías que nunca más irás al médico? No permitas que una sola persona te impida expresar lo que sientes. Te iría bien prestarle a tu colega el libro de Elaine Aron *El don de la sensibilidad* (1996). Sin embargo, es importante discriminar bien a la hora de contarles a los demás este rasgo tuyo tan personal. Intenta mostrarte amigable con tu colega para que lleguéis a un acuerdo, ponerte unos cascos o unos tapones para los oídos, cambiar de sitio la mesa, hablar del problema con tu jefe o buscar otro empleo.

Pregunta: *Por motivos laborales viajo mucho. Hago, como mínimo, dos o tres de viajes de negocios al mes. Me fatiga mucho viajar en avión con bebés que lloran o personas que dan patadas al respaldo de mi butaca. Además, me desagrada mucho sentarme al lado de pasajeros muy perfumados.*

Respuesta: Para una PAS puede ser todo un reto viajar en avión debido a la sobresaturación de estímulos y a la extrema proximidad con los demás pasajeros. Prepárate antes de viajar y muéstrate asertivo en el vuelo. Cuando veas que tu asiento está junto al de alguien que lleva un perfume muy intenso, dile a la azafata que tienes sensibilidad química y que quieres cambiar de asiento. Cuando notes que alguien da patadas al respaldo de tu butaca, pídele a esa persona con mucha educación que deje de hacerlo. Si no puedes cambiar de butaca y estás sentado junto a un bebé que está llorando o junto a un pasajero ruidoso, ponte los cascos y escucha música relajante. Te irá bien asimismo ponerte unos tapones para los oídos o un antifaz para dormir. Puedes tomarte algún respiro levantándote para ir al baño o caminando por el pasillo. Cuando no puedas cambiar tus circunstancias exteriores, siempre puedes conformarte con esa situación y darte cuenta de que todos los retos que se te plantean dejarán de serlo en cuestión de unas horas.

Pregunta: *A mi marido le gusta salir fuera los fines de semana y yo necesito quedarme en casa para relajarme. Él es un hombre muy activo al que le encanta probar la última locura de turno, desde la escalada en roca hasta el parapente. A mí no me apetece participar en esas actividades tan raras durante el fin de semana. Él, en cambio, se rebota y me dice que soy una egoísta por no acompañarlo en sus delirantes proezas. Siempre terminamos discutiendo, y temo que nuestro matrimonio acabará mal. Por mi parte, no voy a tolerar de ninguna manera la frenética necesidad que tiene él de sentirse estimulado, pero él tampoco accederá a quedarse en casa conmigo.*

Respuesta: Recomiendo que leáis *The Highly Sensitive Person in Love*, de Elaine Aron (2001). La autora enumera varios métodos para ayudar a una pareja formada por una PAS y una que no lo es a forjar una relación positiva. Observo que hablas de sus intereses tachándolos de raros, y que entre líneas dices que se equivoca con esa actitud de buscar sensaciones fuertes. Es como si hablarais el uno del otro de manera negativa y no aceptaréis vuestras diferencias.

La clave para forjar una relación amorosa es el compromiso y la aceptación. Los dos miembros de la pareja a veces necesitan forzarse a participar en actividades que en una situación normal no harían. Aunque has mencionado que te gusta relajarte en casa, quizá también podáis divertiros paseando por el parque con tranquilidad o haciendo un picnic juntos cuando él termine una actividad tan estimulante como es la escalada en roca. De la misma manera, tu marido también podría comprometerse a realizar alguna actividad estimulante en casa. Si los dos os comprometéis y partís de un punto en común de amor y aceptación, la relación podrá ser viable.

Pregunta: *A mí me apetece hacer algo tranquilo por la noche para quitarme un poco el estrés que he acumulado durante el día, pero tengo un hijo de dos años y me resulta imposible poner en práctica tus consejos. Nunca consigo relajarme porque no sé cuándo se pondrá a llorar el bebé o si va a necesitar mis cuidados. Mi pequeñín es bastante inquieto, y la más pequeña contrariedad puede sacarlo de sus casillas. Amo profundamente a mi hijo, pero al mismo tiempo necesito más tiempo para mí, y ahora, sencillamente, no lo tengo.*

Respuesta: Por la descripción que me haces de tu hijo, es posible que él también sea altamente sensible. Te recomiendo que leas el libro de Elaine Aron *The Highly Sensitive Child* (2002). Este libro te da consejos excelentes sobre cómo educar a un niño altamente sensible desde que nace hasta que llega a la madurez. Es importante que te apoyes en tu familia, en los vecinos y en tus amigos. ¿El padre de tu hijo también ayuda en casa? ¿Tienes padres o algún familiar que te puedan brindar su apoyo? ¿Has intentado ponerte en contacto con otras madres que tengan niños de dos años para sentirte apoyada?

Es cierto que «estar de guardia» veinticuatro horas al día con un pequeñín puede hacer difícil recurrir a mis técnicas para reducir el estrés, pero habrá algún momento del día en que puedas disfrutar de un poco de tiempo libre para practicar técnicas de relajación. Empieza despacio, poco a poco, y respira con el abdomen cuando sientas que hay demasiados estímulos a tu alrededor. Sé consciente de que, con los años, no tendrás que estar permanentemente «de guardia» con tu hijo. Intenta disfrutar de los aspectos positivos que comporta la edad que tiene ahora y valóralos, porque esta fase pasa muy rápidamente. El tiempo transcurre con mucha rapidez, y antes de que te des cuenta, tu hijo irá a la escuela. Y prepárate, porque dentro de catorce años ya te estará pidiendo las llaves del coche.

Pregunta: *Nunca me he sentido integrada en mi familia porque soy la única PAS. Cada vez que voy a ver a mi familia en Navidad, me planteo el viaje como una odisea, porque no voy a estar ni un solo momento a solas. Tengo que compartir habitación con mi hermana. Y, literalmente, no tengo ni un solo lugar en el que refugiarme para estar en paz y en silencio. La casita de mis padres se llena de gente que se pasa todo el día hablando. Temo ir a casa de mis padres por Navidad, pero tampoco quiero pasar estas vacaciones sola.*

Respuesta: El año que viene, antes de que visites a tu familia, es importante que les digas cuáles son tus necesidades. Si tus familiares no pueden proporcionarte un espacio tranquilo y silencioso, lo mejor es que te alojes en un motel cercano o seas tú quien invite a la familia, siempre y cuando puedas ser tú quien decida en qué términos. Lo cierto es que no puedes imponer tus criterios a tus padres y al modo en que gobiernan su casa, pero sí tienes derecho a expresar lo que necesitas a causa de tu sensibilidad. Si tus familiares no tienen en cuenta las necesidades especiales que tienes por ser una PAS, o si no puedes alojarte en un hotelito cercano, vas a tener que plantearte si merece la pena la tortura emocional que te causará vivir en un entorno tan inhóspito. Quizá puedas inventarte unas Navidades distintas y más divertidas y disfrutarlas con tus amigos.

Pregunta: *Me pongo de los nervios cuando sigo las noticias a diario. Incluso tengo pesadillas sobre posibles ataques terroristas. Lo que ocurre es que noto como si no pudiera evitar enterarme de lo que pasa en el mundo aunque me entre la ansiedad. Durante el día no puedo dejar de leer el periódico, ver las noticias por televisión, escuchar las tertulias en la radio o navegar por Internet para enterarme de los últimos acontecimientos.*

Respuesta: Te lo diré en nueve palabras: desconecta de los medios de comunicación… ¡y hazlo ya! Por mucho que tú quieras cambiar, las influencias negativas del entorno calarán en ti e influirán en tu conciencia. Por desgracia, cuando has perdido el equilibrio, ansías todo aquello que te desequilibrará más. Así como a un alcohólico le va a costar abstenerse de beber si se acerca a un bar, a ti te va a costar conservar la paz cuando te sumerjas en las noticias tan negativas que dan los medios de comunicación. Tu adicción a los medios podría ser tan emocionalmente destructiva como lo es el alcohol para los alcohólicos. Te iría muy bien contar con el apoyo de un terapeuta de grupo o individual.

No estoy sugiriendo que las PAS no deban estar informadas sobre lo que pasa en el mundo. Dedicar unos cinco o diez minutos al día a leer los titulares está bien, siempre y cuando eso no te afecte. Sin embargo, cuando seguir las noticias negativas te genera ansiedad o depresión, ha llegado el momento de desconectar. Recuerda preguntarte a ti mismo, cuando por la tele te hablen del asesino de turno, si invitarías a ese criminal a entrar en casa en el caso de que llamara a tu puerta. ¿Verdad que no? Pues haz el favor de no invitar a estos asesinos a entrar en tu casa a través de los medios de comunicación.

Pregunta: *La hija de mi vecino fue asesinada hace unos años mientras paseaba de noche por las calles de una gran ciudad. Su muerte me afectó mucho. Ahora tengo más miedo de salir de casa y vivo en un estado de paranoia, porque veo a los demás como asesinos potenciales. Lo cierto es que a las personas buenas les suceden cosas malas, y como persona sensible que soy, tengo muchísimo miedo.*

Respuesta: Sí, a veces a las personas buenas les suceden cosas malas. Sin embargo, los asaltos a gente anónima suceden en barrios peligrosos o en sus proximidades, y además muy entrada la noche. Por otro lado, la mayoría de asesinatos son cometidos por personas que la víctima ya conocía (miembros de su familia o allegados). Como PAS, las posibilidades de que atraigas a gente tan violenta a tu vida son infinitamente remotas. Si te vales de la discreción y tomas precauciones en tu vida cotidiana, como, por ejemplo, conducir con el seguro puesto y evitar ir a barrios peligrosos de noche, no tendrás que esconderte en casa temiendo un peligro inminente. Es más probable que tengas un accidente en casa que no que te asalten en el centro comercial mientras vas de compras. A veces las personas también tienden a atraer lo que temen. Por eso es importante centrar tu conciencia en atraer a personas amorosas y armoniosas a tu vida.

Pregunta: *Me cuesta muchísimo conciliar el sueño. Intento seguir tus consejos para paliar mi insomnio yéndome a la cama un rato antes y sin mirar el reloj. Dices que es mejor no mirar el reloj pasadas las ocho de la tarde e irte a la cama antes de las diez de la noche. ¿Pero cómo voy a saber la hora que es si no puedo mirar el reloj?, y ¿cómo pongo la alarma del despertador?*

Respuesta: Puedes poner la alarma del despertador antes de las ocho y calcular que hayan pasado dos horas aproximadamente antes de irte a dormir. Sin embargo, no empieces a romperte la cabeza pensando si serán las once de la noche o incluso medianoche y diciéndote que tienes prisa porque hay que dormir. Pasadas las ocho deberías centrarte tan solo en relajarte con una meditación, con la lectura de un libro edificante, con un baño caliente o haciendo ejercicios de relajación progresiva con un CD o por tu cuenta. El tiempo es un enganche negativo decisivo que representa un gran reto a la hora de acostarse. No mires la hora que es y terminarás con el problema. Por la noche, y a medida que empieces a relajarte, tu cuerpo y tu mente irán adormeciéndose mientras te sumes en un sueño profundo y tranquilo.

Pregunta: *Estudio diseño gráfico en una escuela privada. Como PAS tiendo a procesar las cosas muy despacio. Mi profesor no para de decirme que trabajo muy despacio. Me ha reñido y me ha humillado delante de toda la clase diciendo que soy un pésimo estudiante porque tardo demasiado en terminar mis trabajos. Es un hombre bastante inmaduro* *que acosa a los alumnos con comentarios sarcásticos cuando cometemos errores. La directora de la escuela me ha dicho que tengo talento para el diseño gráfico y apoya mucho mi trabajo. Sin embargo, temo que si hablo claro con ella o con mi profesor, este me haga la vida imposible. Todavía tengo que asistir a muchas clases de este profesor tan insensible si quiero licenciarme.*

Respuesta: Tu profesor parece un acosador insensible, y decirle que eres una PAS no te servirá de nada. Por lo que comentas, parece que cuentas con el apoyo de la directora de la escuela; por eso creo que te iría bien hablar con ella de esta situación. Puedes explicarle que temes que, si llama la atención de tu profesor por haberte ofendido, él vaya a hacerte la vida imposible. Quizá podrías proponerle a la directora que estableciera unas líneas generales de comportamiento con los estudiantes para que ese profesor que tanto te molesta no considere el gesto una cruzada personal. Muéstrale a tu directora la «Lista de consejos para los maestros» que aparece en *The Highly Sensitive Person* (234). Dado que alrededor del 15% al 20% de la población es altamente sensible, es posible que haya otras PAS en tu clase con las que puedas hablar y en las que puedas apoyarte. Estoy seguro de que otros estudiantes deben de sentirse ofendidos también con el comportamiento tan grosero de este profesor. Me parece que este hombre es un infeliz, y hay que compadecerse de las personas patéticas y desequilibradas. Si cultivas el sentimiento de la compasión con tu profesor, tu conciencia se situará en un plano más elevado y no caerás a su nivel de comportamiento.

Pregunta: *Me pongo demasiado ansioso cuando tengo que ir a hacerme una analítica. Hace muchos años me desmayé, y tengo miedo de perder*

Respuesta: Primero, piensa que no eres el único que siente ansiedad o se desmaya cuando va a hacerse un análisis de sangre o a que le pongan una inyección. Muchas PAS, tanto hombres como mujeres, lo pasan fatal durante las visitas médicas y los protocolos médicos. El entorno hospitalario es todo un desafío emocional para las PAS.

Cuando tengas que hacerte un análisis de sangre, dile al practicante que sueles desmayarte y que necesitas echarte o recostarte en una butaca inclinada. Explícale al técnico del laboratorio que eres una PAS y que, por favor, se muestre comprensivo contigo. Y luego, no mires cuando el técnico del laboratorio te extraiga una muestra o cuando te pongan una inyección. Ponte a charlar con el practicante y te olvidarás que te están haciendo un análisis. Ya verás que, antes de terminar la charla, todo ya habrá terminado.

Antes de dirigirte al laboratorio o a la consulta del médico, puedes tomarte una infusión o algún medicamento alopático que haga disminuir tu ansiedad. Si te haces una analítica en ayunas, llévate una pieza de fruta y cómetela después de haberte pinchado para que aumente tu energía y tu nivel de azúcar en sangre. Y, por último, no salgas a toda prisa del laboratorio, porque eso podría generarte ansiedad. Quédate descansando un rato con los ojos cerrados, meditando o programándote la jornada. Cuando te sientas centrado otra vez, levántate poco a poco y márchate del laboratorio.

Por cierto, en la vida real los hombres y las mujeres a veces se desmayan. Tú no tienes la culpa; solo las personas que fomentan la falsa creencia de que los hombres no se desmayan. Quién sabe si no acabaríamos con las guerras si hubiera más hombres que se desmayaran ante la visión de la sangre...

Pregunta: *He dejado de ir al cine porque no puedo soportar que las personas que se sientan cerca de mí hablen o coman haciendo ruido. El ruido me vuelve loco y me impide centrarme en la película. A mi mujer le gusta ir al cine, y se enfada cuando le digo que yo prefiero esperar a que salga el CD y ver la peli tranquilamente en casa.*

Respuesta: En una sala de cine con centenares de personas siempre habrá gente que no tenga en consideración los patrones de conducta de los demás. Vale más que evites las salas de cine abarrotadas para que puedas cambiar de butaca si tu vecino es ruidoso. Los cines no están tan llenos si esperas varias semanas a ver un estreno, o si vas los días laborables antes de las seis de la tarde. Asistir al estreno de una película un viernes por la noche es una auténtica tortura para las PAS.

Si no puedes encontrar una butaca donde reine el silencio, siempre puedes ir a quejarte al encargado y decirle que hay demasiado ruido en la sala. Recuerdo que una vez fui a hablar con el encargado para decirle que un bebé estaba llorando y que sus padres no hacían nada al respecto. El problema se solucionó de inmediato.

Una amiga mía, que es una PAS, me contó que en una ocasión había ido al cine y terminó tan agobiada de oír que la gente no paraba de hablar durante el pase de la película que se levantó y empezó a echar voces: «¡Cállense ya de una vez!» Luego me contó que el público en pleno se quedó mudo. Sin embargo, si vas concienciado, no tendrás que gritarle al público que se calle.

Pregunta: *La gente que no para de hacer ruido en los restaurantes me saca de quicio. Me gusta comer bien y pago con gusto lo que haya que pagar, pero rara es la vez que no me veo obligado a escuchar la conversación íntima de algún desconocido que termina por arruinar mi experiencia. No puedo soportar que las personas hablen en voz alta y con un tono chillón. Y ahora, además, hay clientes que, aunque cenan solos, no dejan de gritar por el móvil. Y por si fuera poco, hay restaurantes que ponen la música tan alta que apenas puedes oír a tu comensal. También odio salir a cenar en verano, porque probablemente me sentarán justo delante de la corriente de aire acondicionado.*

Respuesta: Algunos críticos gastronómicos puntúan el nivel de ruido del restaurante. Elige alguno en el que sepas que normalmente se está tranquilo, e intenta sentarte en una mesa alejada del bullicio general. Si te enfrascas en una conversación con tu compañero de mesa, no te fijarás tanto en la conversaciones de los demás. Intenta salir a comer antes o después de la hora punta del almuerzo o de la cena, que es cuando hay más gente. Y siempre puedes pedirle al encargado que te cambie de sitio o que baje la música o el aire acondicionado. Te encontrarás menos incómodo si pides comida para llevar y saboreas el delicioso manjar en la soledad de tu propio comedor.

Hace muchos años escribí una guía de restaurantes, y para ello tuve que cenar en más de trescientos locales. Me di cuenta de que los encargados prestaban atención a las críticas de sus clientes sin dejar de complacer a sus jefes; por eso te digo que no dudes en pedirle al encargado que te ayude a crear una experiencia agradable durante la cena.

Pregunta: *Dijiste que las PAS tendríamos que ponernos tapones para los oídos o un casco cuando nos encontráramos en lugares ruidosos y públicos, como las salas de espera de los aeropuertos, por ejemplo. Sin embargo, a mí no me gusta aislarme de la gente. Cuando me apetezca apartarme de este mundo plagado de estímulos, me iré a un retiro. Sin embargo, estar rodeado de gente que habla en voz alta me pone de los nervios.*

Respuesta: Quizá conectes mejor con la gente si llevas tapones para los oídos o te pones cascos en entornos ruidosos. Así podrás desconectar cuando te moleste la gente. Y cuando te aísles de ese ruido, te sentirás libre incluso para sonreír a esas mismas personas que hablan en voz alta. Una estudiante que es una PAS, Claire, me contó que un día fue a un restaurante y la sentaron al lado de la mesa de una señora que estaba sola y hablaba por teléfono en voz alta y clara, y con un tono muy desagradable de voz. A Claire le molestaba, y mucho. Llegó a enfadarse tanto que estuvo a punto de pedirle a esa mujer que se callara. Sin embargo, en lugar de centrarse en esa clienta escandalosa, se puso los cascos para música. Cuando esa mujer ruidosa se marchó del restaurante, sonrió a Claire, y Claire fue capaz de sonreírle a su vez. En lugar de discutir con los demás, Claire consiguió aislarse del ruido, y fue capaz de relacionarse con el prójimo de una manera positiva.

Pregunta: *Me gustaría intentar practicar la meditación, pero he oído que hay personas que han tenido malas experiencias, y tengo miedo de* *no ser capaz de controlar mis emociones. ¿Y si me vuelvo loco mientras intento meditar?*

Respuesta: A pesar de que es mínimo el porcentaje de las personas que reaccionan de manera negativa en una meditación, yo personalmente no he visto esa reacción en ninguno de los centenares de alumnos que han pasado por mis talleres. Antes de empezar a practicar la meditación, no estaría de más que lo consultaras con el médico. Puedes iniciarte en la meditación respirando despacio, sencillamente, y relajando los músculos durante unos minutos con los ojos cerrados. Si tu experiencia es positiva, ve aumentando el tiempo de la meditación. También puedes escuchar alguna meditación guiada o ponerte un CD de relajación. Piensa que es rarísimo reaccionar mal por respirar lentamente hinchando el abdomen y relajando los músculos.

De hecho, creo que las personas pueden volverse locas si no meditan. Solo durante este último siglo los seres humanos han matado a cien millones de personas en las guerras. Mientras la mente o el ego siga identificándose con la satisfacción de los deseos externos, la ansiedad, la tensión y el comportamiento destructivo irán en aumento. Cuando meditas o sientes tu verdadera naturaleza interior, que va más allá del ego temporal, experimentas una sensación de profunda paz.

Pregunta: *Parece que recalcas mucho que hay que meditar para sentirse sereno, pero para mí es difícil sentarme y quedarme quieto con los ojos cerrados. Me siento muy inquieto, y tengo que moverme. Mi mente no para de ir de un lado a otro, y me siento impotente cada vez que soy incapaz de poner en práctica esta técnica tan importante para calmarte. ¿Qué debo hacer?*

Respuesta: Primero te diré que, si te resulta difícil meditar, no debes sentirte culpable. Te irá bien hacer un poco de ejercicio suave antes de ponerte a meditar, como practicar yoga o salir a dar un paseo. El hatha yoga se creó para calmar cuerpo y mente y para ayudarte a entrar fácilmente en un estado de meditación profunda. Te iría bien ir a clase de yoga y luego intentar meditar al final de la clase.

Si te sigue resultando difícil relajarte mientras meditas, puedes escuchar algún CD de meditación que te guíe hacia un punto de silencio y tranquilidad. Sería más fácil que dedicaras unos minutos cada hora a respirar hondo unas cuantas veces a la vez que relajas la musculatura con cada exhalación. También puedes intentar meditar caminando si vas repitiendo «Estoy tranquilo» o «Tengo paz» a cada paso que des. Te iría bien alternar una meditación sentada con otra caminando. Aunque tu mente vaya dando saltos como un mono de rama en rama, conseguirás beneficiarte tanto en los planos físico, emocional y espiritual si te distancias brevemente de este mundo tan lleno de estímulos.

10

Elige el sanador que mejor te vaya

Hoy en día se habla de tantas técnicas sanadoras que es fácil que uno se agobie intentando elegir la modalidad apropiada que le sirva para calmar su sensible sistema nervioso. ¿Recuerdas los dibujos animados que mencioné en el capítulo 1 sobre una mujer que se agobiaba tanto intentando elegir entre una gran variedad de marcas de dentífrico que terminaba por irse a casa y se metía en la cama? Pues, de la misma manera, tú también puedes verte inundado de una plétora de sanadores, terapias, libros, complementos nutricionales e infusiones que proclaman todos ellos que son muy útiles.

Elige con cuidado

Cada PAS es única. Un método que resulta idóneo para una PAS puede ser contraproducente para otra. Te recomiendo que consultes con un médico que tenga formación holística antes de empezar cualquier programa de sanación (en este mismo capítulo encontrarás información sobre cómo encontrar un médico holístico). Necesitas analizar cuidadosamente cada modalidad y usar tu intuición para decidir la terapia que te conviene más. Te iría bien valorar con calma toda la información y determinar si tienes algún vínculo con alguno de estos métodos. Hay muchas clases de terapias sanadoras, por eso no he podido anotarlas todas. Si estás interesado en una terapia que no esté descrita en este libro, por favor, analiza antes si te conviene.

Es obvio que la calidad de los tratamientos y los terapeutas varía necesariamente, por eso no puedo prometerte que te quedes completamente satisfecho con el que hayas elegido. Como ocurre con cualquier otro tratamiento, sea alopático o alternativo, de ti depende seleccionar con tino y con toda la información de que dispongas. Creo que la información de este capítulo te irá bien para empezar.

Acupuntura

Este antiguo sistema chino de sanación se basa en insertar agujas muy finas en ciertos puntos localizados del cuerpo que pueden incrementar la respuesta inmune y aliviar el dolor equilibrando el flujo de energía que recorre el cuerpo (Weil 1995).

Algunas PAS pueden presentar una reacción adversa a la acupuntura debido a la ligera punzada que sienten cuando el acupuntor inserta las agujas. Es importante que las Personas Altamente Sensibles se entrevisten con el acupuntor antes de iniciar el tratamiento para determinar si este tiene buena mano.

Hay acupuntores que insertan la agujas en el cuerpo tan profundamente que el paciente puede llegar a experimentar un dolor agudo, mientras que otros son tan delicados que el paciente prácticamente ni se entera. También convendría que consideraras la acupresura o el shiatsu, que consisten en presionar con los dedos y con las manos para estimular ciertos puntos del cuerpo. Así se alivian el dolor y el estrés. Es importante que le comentes al terapeuta si la presión que ejerce con los dedos es la correcta.

Si quieres saber cómo localizar a un acupuntor calificado puedes contactar con ICMART a través de la página web www.icmart.org, en cuya base de datos por países encontrarás teléfonos y direcciones.

Aromaterapia

Esta rama de la fitoterapia recurre a la inhalación de aceites esenciales extraídos de plantas y de hierbas con un propósito curativo. La inhalación de fragancias como la lavanda, el jazmín o la rosa puede ayudarte a generar una atmósfera de tranquilidad emocional. La absorción de los productos químicos que contienen los aceites esenciales en el flujo sanguíneo, en los pulmones y los senos nasales puede ayudarte a curar algunas enfermedades físicas.

Aunque la aromaterapia es una manera excelente de tranquilizar el sistema nervioso, los individuos sensibles a las fragancias pueden mostrar una reacción contraria al tratamiento. Antes de adquirir un difusor de aromaterapia y de aceites esenciales es mejor que compruebes cómo funciona y que pruebes los aceites esenciales. Suelen vender muestras en las mismas tiendas donde puedes comprar los aceites esenciales de aromaterapia. La gran variedad de muestras también es una fuente de información muy valiosa. También sería aconsejable que consultaras con un profesional de la aromaterapia. Podrías contactar con la Asociación Española de Aromaterapia a través de la pagina web www.aromaterapia.org.es.

Ayurveda

El ayurveda es un sistema de curación my antiguo que tiene unos cinco mil años de antigüedad y procede de la India. Durante una consulta ayurvédica, el practicante valora la constitución de cada individuo y crea un programa de tratamiento específico basado en la constitución del paciente. Luego, el profesional hace recomendaciones específicas para restaurar la armonía en el paciente, y eso puede incluir dieta, hierbas, ejercicio, yoga, baños de vapor de hierbas, masajes con aceites y cambios en el estilo de vida del paciente.

Muchos de los consejos en este libro se basan en los principios ayurvédicos de vivir con un estilo de vida armonioso en un mundo que está desequilibrado. La mayoría de las PAS tienen una constitución *vata*, que tiende a ser más sensible a los estímulos. Recomiendo fervientemente este tratamiento sanador y holístico para las PAS. Para encontrar un sanador ayurvédico, contacta con:

Asociación Internacional de Yoga y Ayuverda, en
www.aiyayurveda.com

Biofeedback

El biofeedback es una técnica en la que el terapeuta te conecta a unos monitores que miden tus reacciones fisiológicas básicas, como el ritmo cardíaco o la temperatura de la piel. Durante la sesión puedes comprobar las lecturas en el monitor y aprender a controlar tu reacción ante los estímulos. Una vez que hayas aprendido a regular las funciones vitales de tu cuerpo, puedes reducir el estrés y el dolor.

Aunque el biofeedback, en general, resulta divertido y relajante, algunas PAS pueden sentirse incómodas porque están conectadas con cables a unas máquinas. Te iría bien acudir a una clínica de biofeedback y familiarizarte con el procedimiento antes de empezar tu propio tratamiento. Es posible que te sientas algo incómodo enchufado a una máquina, pero cuando empieces el tratamiento probablemente serás capaz de hacerlo en un estado muy relajado.

Encuentra a un practicante de biofeedback contactando con www.doctoralia.es.

Bodywork

La tensión muscular puede generar patrones crónicos de estrés y dolor debido a la compresión de las fibras nerviosas. El masaje terapéutico relaja los músculos, alivia el dolor y tiene un efecto sedante en el sistema nervioso (Goldberg 1993). Es vital que la PAS le indique al masajista la presión con la que se siente cómoda. Y recuerda que, como estás más abierta que los demás, es fácil que absorbas la energía del terapeuta que te da el masaje. Te aconsejamos que hables con él o con ella antes de ponerte en sus manos, y asegúrate de que su actitud y su energía sean parejas a las tuyas. Ciertas PAS no se sienten cómodas si tiene que tocarlas un desconocido; por eso les convendría más optar por recibir un masaje de su pareja o de un amigo íntimo. Hay muchas clases distintas de bodywork, y no podemos describirlas todas en este apartado, pero he incluido una breve lista.

Varios ejemplos de bodywork

El *feldenkrais* es un sistema de movimientos, de ejercicios para practicar en el suelo y de trabajo corporal diseñado para reconducir el sistema nervioso central. Este método sirve para encontrar nuevas vías y despejar bloqueos o daños corporales, y para ayudar a las personas a moverse con más facilidad realizando movimientos suaves y fluidos. Esta terapia parece muy adecuada para las PAS porque tiene un efecto suave, natural y relajante. Las PAS pueden recurrir a su intuición para llegar a ser más conscientes de los cambios sutiles que se dan en sus hábitos y movimientos durante el proceso.

El *trager* es una forma muy suave de trabajo corporal o bodywork que se basa en balancearse y hacer pequeños rebotes para inducirnos a una relajación profunda. El terapeuta hace desaparecer con suavidad la tensión de los músculos y la rigidez de las articulaciones. El *trager* también se usa para sintonizar el sistema nervioso con los músculos, y eso puede irles muy bien a las personas con problemas neuromusculares. Esta variante es muy adecuado para la mayoría de PAS.

El *rolfing* es una forma invasiva de trabajo corporal que pretende reestructurar el sistema musculoesquelético manipulando patrones de tensión que se han enraizado profundamente en los tejidos. El *rolfing* puede liberar emociones reprimidas, así como disipar la tensión muscular habitual. Aunque parezca extraño que en esta lista figure una forma invasiva de bodywork, he pensado que era importante que supieras que existen ciertas formas de masaje que inciden profundamente en las personas que tienen un sistema nervioso sensible. Aunque no recomendaría este tratamiento a la mayoría de las PAS, si tú eres de las que pueden tolerar un trabajo corporal profundo, podría ayudarte a liberar tensiones emocionales y musculares.

Para encontrar un masajista cualificado en estas técnicas, contacta con:

Asociación de Profesionales de las Terapias Naturales, en www.cofenat.es

American Massage Therapy Association, en www.amtamassage.org

Feldenkrais Guild, en www.feldenkrais.com

International Rolf Institute, en www.rolf.org

Trager Institute, en www.trager.com

Quiropráctico

Los médicos quiroprácticos realizan reajustes en la columna vertebral y en las articulaciones que pueden influir en el sistema nervioso. Estos reajustes inciden en una pronta recuperación de la espalda, así como en otros problemas físicos distintos. Sin embargo, muchas

PAS pueden encontrar que estos reajustes son demasiado discordantes e invasivos para un sistema nervioso tan sensible.

Ahora bien, hay formas más suaves de realizar reajustes quiroprácticos. El análisis de la columna vertebral es un trabajo neurológico que aporta un nivel más profundo de sanación y ayuda a superar traumas físicos, emocionales y mentales del pasado para que la persona pueda incorporar nuevas estrategias con que manejar el estrés de la vida cotidiana con más eficacia.

La técnica direccional sin fuerza o TDSF consiste en reajustar de una manera suave y precisa los músculos, los tendones, las vértebras y los discos usando la sabiduría del cuerpo como guía, y puede restaurar bien la función de las articulaciones, así como devolver al cuerpo su bienestar. Estas formas suaves de reajustes quiroprácticos están indicadas para la mayoría de PAS. Encuentra un profesional contactando con:

Asociación Española de Quiropráctica, en
    www.quiropractica-aeq.com

American Chiropractic Association, en www.acatoday.com

Association for Network Chiropractic Spinal Analysis, en
    www.innateintelligence.com

Directional Non-Force Technique, en www.nonforce.com

Asesoramiento psicológico

El asesoramiento psicológhico o la psicoterapia pueden ayudar a las PAS a afrontar los retos de vivir en un mundo sobresaturado de estímulos y diseñado para las personas que no son altamente sensibles. Te iría bien ir a la consulta de un psicólogo o de un terapeuta de parejas y de familia o acudir a una trabajadora social con buenas referencias. Si no puedes permitirte pagar unas sesiones de terapia, piensa que prácticamente todas las ciudades disponen de centros de psicología que no son muy caros (busca en las páginas amarillas de tu ciudad o consulta con el departamento de salud mental de tu comunidad). También iría bien unirte a algún grupo de terapia que pueda brindarte su apoyo.

¿En qué puntos difieren la psicoterapia y el asesoramiento psicológico? Piensa que es como un continuo. Cuando termina el asesoramiento psicológico, recibes información y consejos para poner en práctica lo que has aprendido en este libro. Sin embargo, tienes que trabajar desde el extremo psicoterapéutico de este continuo si, de manera recurrente, sientes emociones impropias, como depresión, ansiedad o rabia que interfieren en tu vida, o no eres capaz de llevar a la práctica los consejos que te han dado.

Antes de elegir a un psicólogo o a un psicoterapeuta es importante que visites a varios de ellos para decidir cuál es el que mejor se adapta a ti (por ejemplo, un psicólogo conductista o uno junguiano), y para que compruebes si la persona siente empatía por las PAS. ¿Verdad que antes de comprarte un coche ves varios? Pues piensa que vas a confiar tu salud mental al profesional que elijas, y a vivir con todas las consecuencias de tu elección, y que eso va a durar casi tanto tiempo como dure tu coche. Por eso te pediría que no contestes solo a sus preguntas, sino que le hagas tú las que consideres más oportunas y escuches con atención lo que te dice para enterarte bien de si entiende y apoya tu sensibilidad.

Aunque la terapia de grupo puede ser beneficiosa, algunas PAS pueden terminar agobiadas, sentir que les invade la timidez o notarse incómodas en un entorno grupal. Todo grupo debería contar con varias PAS, y el facilitador tendría que prestar todo su apoyo y hacer gala de sus habilidades para trabajar con las PAS en un entorno grupal. Quizá hay grupos de PAS en tu localidad, pero si no es así, sigue el modelo que da Elaine Aron en *The Highly Sensitive Person's Workbook* y forma tu propio grupo de PAS (1999).

Para encontrar un terapeuta o un grupo de PAS en tu zona, contacta con:

Asociación Española de Personas Altamente Sensibles, en
www.asociacionpas.es

Clases para PES en www.hspsurvival.com

Grupos de debate sobre PES en Internet en
www.sensitiveperson.com

Remedios florales

Los remedios florales usan la esencia de las flores para ayudar a sanar psicológica y físicamente. Los remedios florales se toman en forma de tintura (líquido). Una de las fórmulas más conocidas, Rescue Remedy, tiene un efecto calmante en situaciones de emergencia. Tomar tinturas de esencias florales suele ser seguro, pero como también sucede con las hierbas, la persona que es sensible debería consumir dosis bajas al principio. Algunas PAS han comentado que Rescue Remedy les ha ido muy bien en situaciones estresantes, y que por ese motivo la llevan siempre encima.

Aprende sobre los remedios florales contactando con la Asociación Terapia Floral Integrativa, en www.atfi.es.

Fitoterapia

Aunque las hierbas en general ofrecen una cierta seguridad para reducir el estrés y tratar las enfermedades, te recomiendo que consultes antes con un médico que tenga preparación holística y esté formado en fitoterapia como paso previo a empezar a tomar hierbas. Una primera consulta te ayudará a evitar posibles efectos secundarios. También te iría bien consultar con un terapeuta de ayurveda o de medicina china, con un herbolario o con un naturópata. Es importante que el terapeuta conozca bien los efectos secundarios que tienen las hierbas o la combinación de distintas hierbas con la medicación alopática. Por favor, repasa el capítulo 4 para informarte mejor sobre las plantas que les van bien a las PAS.

Si deseas contactar con un herbolario, dirígete a:

Asociación de Dietética y Herbolarios de Madrid (ADYHEM), en www.asociacionherbolariosmadrid.org

Medicina holística o alternativa

Los médicos holísticos o alternativos son médicos tradicionales que han recibido formación en medicina china o en fitoterapia, en complementos nutricionales (como vitaminas, minerales y aminoácidos), en nutrición, en homeopatía o en acupuntura. La ventaja de consultar con estos médicos es que conocen bien los efectos secundarios de tomar plantas y complementos nutricionales y están autorizados a recetar las pruebas diagnósticas más adecuadas. Si deseas más información sobre dónde encontrar un médico holístico o alternativo, contacta con:

Asociación Española de Medicina Holística (ASEMEH), en www.asemeh.info

Homeopatía

La medicina homeopática usa remedios con un alto grado de disolución a partir de substancias naturales que catalizan la reacción natural del paciente a sanar. Muchos remedios homeopáticos aportan calma y tranquilidad.

Para evitar los efectos secundarios es mejor que consultes con un doctor en medicina que tenga formación homeopática o te asegures de que quien te la receta conoce bien los efectos secundarios potenciales. La mayoría de homeópatas son contrarios a que sus pacientes sigan diversas líneas de tratamiento, incluyendo las medicinas alopáticas y las fórmulas de herboristería, porque pueden contrarrestar los efectos de la medicación homeopática. Aunque en general la homeopatía no tiene contraindicaciones, las PAS tienen que ser precavidas.

Para informarse mejor sobre la homeopatía y localizar un buen profesional, contacta con la Federación Española de Médicos Homeópatas: www.femh.org.

Hipnoterapia

La hipnoterapia anima a los pacientes a que se sometan a un elevado estado de sugestión para poder ser permeables a los consejos. Estos consejos sirven para cambiar la conducta o las creencias, y contribuyen a la relajación. La hipnoterapia puede ser muy eficaz para tratar el estrés, la ansiedad, el miedo y la depresión, y para ayudar al paciente a aumentar su tolerancia a los estímulos negativos.

Aunque el paciente tiene que mostrarse predispuesto a participar en el proceso para que la hipnosis funcione, algunas PAS pueden sentir miedo al pensar que no controlan la situación durante la hipnosis. Recomiendo que las PAS hablen largo y tendido con el hipnoterapeuta, y si es necesario varias veces, para familiarizarse con el proceso. Se podrían agobiar si las hipnotizaran sin comprender bien el proceso y sin estar familiarizadas con la hipnosis. Sin embargo, cuando las PAS se sientan cómodas con el procedimiento, la ansiedad provocada por la sobresaturación de estímulos puede disminuir.

Para ayudarte a encontrar a un hipnoterapeuta cualificado, contacta con la Asociación Española de Hipnosis (www.aehipnosis.com) o con la Asociación Española de Hipnosis Ericksoniana (www.aehe.com).

La meditación

Durante la meditación uno no reacciona frente al pasado ni se preocupa por el futuro. La meditación que pasa por la concentración centra la atención en la respiración o en un mantra (unas palabras). La meditación con plena conciencia consiste en ser testigo de lo que pasa por nuestra mente sin reaccionar (Goldberg 1993).

Existen muchas escuelas de meditación que enseñan tanto la meditación de concentración como la de la plena conciencia. Explora a fondo las técnicas de meditación que existen antes de comprometerte a practicar una con regularidad. Necesitas elegir bien y poner a prueba tu intuición para seleccionar la variante que vaya más acorde con tu sensibilidad.

Hay tantos métodos de meditación que la lista sería muy larga de enumerar, pero algunas de sus manifestaciones más populares y eficaces, y que pasan por la concentración, son: la técnica de meditación integrada Amrita, que es un método muy eficaz para experimentar una relajación profunda, sobre todo si te cuesta mucho concentrarte. También tenemos la meditación trascendental (MT), que es una técnica mental simple que suele practicarse veinte minutos al día. Muchos estudios científicos han demostrado que durante la MT el cuerpo llega a un estado de relajación más profundo que durante el descanso ordinario (Goldberg 1993). La Self-Realization Fellowship también enseña distintas técnicas de meditación muy válidas que te ayudan a conseguir la paz interior y la alegría.

Una forma popular de la meditación plenamente consciente es la meditación budista, que se centra en prestar una atención consciente a la respiración y a la postura, así como a los pensamientos que surgen. Thich Nhat Hanh ofrece retiros muy provechosos para practicar la meditación de la conciencia plena que calman profundamente el sistema nervioso y ayudan al meditador a vivir el momento presente. Y, finalmente, tenemos la meditación Vipassana, que es otra forma muy válida de meditación de plena conciencia que ayuda a lograr una profunda paz interior.

Para más información, contacta con:

Integrated Amrita Meditation Technique, en
    www.amma.org

Transcendental Meditation, en www.tm.org

Self-Realization Fellowship, en www.yogananda-srf.org

Meditación budista, en www.buddhanet.net

Meditación Mindfulness, en www.plumvillage.org

Meditación Vipassana, en www.meditacionvipassana.com

Naturopatía

Los profesionales de la naturopatía ayudan al proceso sanador incorporando una variedad de métodos alternativos que incluyen la dieta, las hierbas y los cambios en el estilo de vida basados en las necesidades del cliente. Los naturópatas tratan la causa en lugar de los efectos de estar desequilibrados (Goldberg 1993). Esta modalidad de sanación holística, que es muy suave, podría resultarles beneficiosa a las PAS. Para mayor información, contacta con la Asociación Española de Médicos Naturistas: www.medicosnaturistas.es.

Tanque de aislamiento físico / tanque de flotación

El tanque de aislamiento físico es una estructura hecha de cartón o de madera con un recubrimiento plástico que mide 2 metros x 1 y tiene 1,2 metro de alto. En el interior del tanque reina una oscuridad total, y cuando nuestros oídos se sumergen en 25 centímetros de una solución salina, también notamos que el tanque queda insonorizado. El tanque elimina todos los estímulos de los sentidos mientras uno flota en posición supina sobre la superficie de una solución salina que se halla en un entorno parecido al útero materno.

La atmósfera libre de estímulos es beneficiosa para las PAS. Sin embargo, habrá quien tenga miedo de flotar en el agua salada sumido en la oscuridad, o notará la piel irritada por la sal del agua. Es importante meterse en el tanque de flotación después de haber estudiado y comprendido perfectamente cómo funciona. En la primera sesión sería buena idea que pasaras un rato en el interior del tanque para aclimatarte al nuevo entorno, y que aprendieras a abrir la puerta para salir cuando lo desees. Cuando empieces a sentirte seguro en ese entorno libre de estímulos, experimentarás unos niveles muy profundos de tranquilidad.

Para más información, consulta www.floatation.com/wheredetails.html#USA.

Conclusión

A pesar de que estamos llegando al final del libro, tu viaje hacia la paz interior acaba de comenzar. Confío en que a medida que empieces a integrar alguno de los consejos de este libro sientas más alegría y tranquilidad en tu vida. Recuerda que no estás solo. Hay millones de Personas Altamente Sensibles en todos los países del mundo que intentan calmar su sistema nervioso sensible. Ahora que conoces las habilidades para sobrevivir en un mundo sobresaturado de estímulos, puedes disfrutar del hecho de ser una Persona Altamente Sensible.

Te deseo que tengas una vida plena, que goces de una buena salud y tengas paz interior y alegría.

Lecturas recomendadas

Este apartado contiene una lista de libros que te pueden resultar muy útiles para aplicar tus estrategias como Persona Altamente Sensible.

Lad Vasant, *Guía de plantas medicinales: uso y combinación según el ayurveda*, Ediciones Ayurveda, Barcelona, 2014. El sistema curativo del ayurveda puede ayudar a la PAS a vivir una vida llena de armonía.

Elaine Aron, *El don de la sensibilidad*, Obelisco, Barcelona, 2014. Es una obra crucial sobre las PAS: el libro que toda Persona Altamente Sensible debería leer.

Elaine Aron, *El don de la sensibilidad en la infancia*, Obelisco, Barcelona, 2017. Este es un libro de lectura obligatoria para todas las personas que educan a niños altamente sensibles o trabajan con ellos.

Elaine Aron, *El don de la sensibilidad en el amor*, Obelisco, Barcelona, 2018. El libro describe sucintamente cómo es la Persona Altamente Sensible en sus relaciones íntimas, y da muchos consejos para relacionarse con las PAS y con las que no lo son.

Elaine Aron, *The Highly Sensitive Person's Workbook*, 1999. Elaine Aron presenta ejercicios específicos para reestructurar tu vida como PAS, y da muchos consejos e información diversa sobre cómo empezar tu propio grupo de debate de PAS.

Louise Hay, *Usted puede sanar su vida*. Urano, Barcelona, 2007. Este valioso libro para la curación emocional y los trastornos físicos aporta una información muy válida sobre cómo cambiar de hábitos usando afirmaciones.

Byron Katie, *Amar lo que es: cuatro preguntas que pueden cambiar tu vida*. Urano, Barcelona, 2002. La autora presenta un proceso de autocuestionamiento para gestionar situaciones difíciles aceptando la realidad.

Barrie Jaegger, *Making Work Work for Highly Sensitive People*. 2004. La autora presenta diversas estrategias para que las PAS sean capaces de ganar confianza en sí mismas, combatir el estrés y encontrar un trabajo que las compense en los ámbitos emocional, financiero y creativo.

Eckhart Tolle, *El poder del ahora*, DeBolsillo, Barcelona, 2006. Este libro ayuda al lector a encontrar la paz interior centrándose en el momento presente.

Thich Nhat Hanh, *Hacia la paz interior*, DeBolsillo, Barcelona, 2000. Este es uno de los numerosos libros que el maestro budista ha escrito para describir las diversas técnicas introspectivas que nos ayudan a conseguir la tranquilidad a través de la conciencia plena y centrándonos en el presente.

Deepak Chopra, *La perfecta salud*, Ediciones B, Barcelona, 2004. Un libro excelente escrito por este médico de renombre internacional sobre cómo llevar un estilo de vida saludable y armonioso basado en el ayurveda.

Ted Zeff, *Searching for God, Part I*. 1997. Esta es la historia inspiradora del viaje espiritual de una PAS.

Ted Zeff, *Searching for God*, Part II. 2002. Es la continuación de la inspiradora historia del viaje espiritual de una PAS.

Andrew Weil, *La curación espontánea*, Urano, Barcelona, 1995. Este libro se cuenta entre los muchos que ha escrito este aclamado doctor en terapias alternativas, y ofrece diversas técnicas naturales de sanación que pueden ser muy útiles para las PAS.

Jean Carper, *Ponga vida a sus años: un plan definitivo para mantener la juventud e invertir el proceso de envejecimiento*. Urano, Barcelona, 1999.

Jean Carper demuestra la eficacia de los suplementos, las hierbas y los alimentos que pueden ayudar a las PAS con un sistema inmunitario débil o que sufren de enfermedades relacionadas con el estrés.

Páginas web relacionadas con las PAS

www.hsperson.com. La página web de Elaine Aron nos informa de las publicaciones que tratan de las PAS, la *newsletter* «Comfort Zone» y las diversas actualizaciones de los eventos que se realizan anualmente.

www.drtedzeff.com. La página web de Ted Zeff contiene información para las PAS sobre estrategias de gestión, un programa de curación para las PAS en CD y una guía individual.

www.hspwork.com. La página web de Barrie Jaegger presenta las estrategias con que cuentan las PAS para encontrar un trabajo que les compense emocional, financiera y creativamente.

www.lifeworkshelp.com. La página web de Jacquelyn Strickland aporta información sobre cómo se puede vivir siendo una PAS y comunica las reuniones que celebra anualmente este colectivo.

www.highlysensitivepeople.com. La página web de Jim y Amy Hallowes da consejos para que las parejas formadas por una PAS y otra persona que no lo sea sepan afrontar los retos a los que se enfrentan.

www.sensitiveperson.com. La página web de Thomas Eldridge incluye una guía de profesionales y de centros para las PAS, un libro y varios vínculos, además de ofrecer un tablero de anuncios.

Referencias

Amritaswarupananda, Swami, *Despertad, hijos. Diálogos con Amma*, Vol. I, Fundación Filokalia – Amigos de Amma, Pamplona.

—— *Amma. La madre de la eterna felicidad: su biografía*, Fundación Filokalia – Amigos de Amma, Pamplona.

Aron, Elaine, *The Highly Sensitive Person's Workbook*, Carol Publishing, Nueva York, 1996.

—— *El don de la sensibilidad en el amor: cómo comprender y mejorar las relaciones cuando el mundo te abruma*, Obelisco, Barcelona,2017.

—— *El don de la sensibilidad en la infancia*, Obelisco, Barcelona, 2017.

Barks, Coleman y John Moyne, *Open secret*, Threshold, Aptos, California, 1999.

Becker Marty, *The Healing Power of Pets*, Hyperion, Nueva York, 2002.

Bhat, Naras, *How to Reverse and Prevent Heart Disease and Cancer*, Kumar Pati, Burlingame, California, 1995.

Carper, Jean, *Ponga vida a sus años: un plan definitivo para mantener la juventud e invertir el proceso del envejecimiento*, Urano, Barcelona, 1999.

Chopra, Deepak, *Rejuvenecer y vivir más*, Ediciones B, Barcelona, 2005.
—— *Tu salud*, Martínez Roca, Barcelona, 1997.
—— *Sueño reparador*, Ediciones B, Barcelona, 2005.

Cook J, Kathy de «Ryan's well», *Canadian Reader's Digest*, enero 2001.

Cousins, Norman, *Anatomía de una enfermedad o la voluntad de vivir*, Kairós, Barcelona, 1982.

Dalái Lama y Howard Cutler, *El arte de la felicidad*, DeBolsillo, Barcelona, 2005.

DeGrandpre, Richard, *Ritalin Nation*, W W Norton Nueva York, 1999.

Federal Drug Administration, «Informe sobre los niveles de mercurio en 39 variedades de marisco», 2003.

Field, Tiffany, *Touch Therapy*, Harcourt Brace, Nueva York, 2000.

Frawley, David, *Guía de plantas medicinales: uso y combinación según el ayurveda*, Ediciones Ayurveda, Barcelona, 2014.

Friedman, Meyer y Ray Rosenman, *Type A Behavior and your Heart*, Fawcett Columbine, Nueva York, 1974.

Glass, D. C. y M. L. Snyder, «Time Urgency and the Type A behavior pattern», *Journal of Applied Psychology* 4:125, 1974.

Goldberg, Burton, *Alternative Medicine: The Definitive Guide*, Future Medicine, Tiburon, California, 1993.

Hanh, Thich Nhat, *Hacia la paz interior*, DeBolsillo, Barcelona, 2005.

Hay, Louise, *Usted puede sanar su vida*, Urano, Barcelona, 2004.

Jacobs, Gregg, *Say Goodnight to Insomnia*, Henry Holt, Nueva York, 1998.

Jaegger, Barrie, *Making Work Work for Highly Sensitive People*, McGraw-Hill, Nueva York, 2004.

Katie, Byron, *Amar lo que es: cuatro preguntas que pueden cambiar tu vida*, Urano, Barcelona, 2002.

Kindlon, Dan y Michael Thompson, *Raising Cain*, Ballantine, Nueva York, 1999.

Kivel, Paul, *Men's Work*, Hayeldon, Center City, Minnesotta, Estados Unidos, 1992.

Lad, Vasant, *Guía de plantas medicinales: uso y combinación según el ayurveda*, Ediciones Ayurveda, Barcelona, 2014.

Murray, Elizabeth, *Cultivating Sacred Space*, Pomegranate Press, Novato, California, 1997.

Myss, Caroline, *Anatomía del espíritu*, Folio, Barcelona, 2005.

Peace Pilgrim Friends, *Peace Pilgrim: Her Life and Work in Her Own Words*, Ocean Tree Books, Santa Fe, 1982.

Pelletier, Kenneth, *Mind as a Healer, Mind as a Slayer*, Delacorte, Nueva York, 1977.

Pollock, William, *Real Boys*, Random House, Nueva York, 1998.

Ramakrishna Swami, *Racing Along the Razor's Edge*, M. A. Center, San Ramon, California, 2003.

Rosch, Paul, «Report on Stress», *American Institute of Stress*, Yonkers, Nueva York, 2003.

Rosenfeld, Barry, «Having a sense of spiritual well-being», *The Lancet Journal*, mayo de 2003.

Roskies, Ethel, «Effectiveness of an intervention program for coronary-prone managers», *Journal of Behavioral Medicine*, junio de 1979.

Sullivan, Nancy, *Treasury of American Poetry*, Doubleday, Garden City, Nueva York, 1978.

Tolle, Eckhart, *El poder del ahora*, DeBolsillo, Barcelona, 2006.

Ministerio del Trabajo de Estados Unidos, *O*NET Dictionary of Occupational Titles*, Jist Works, Indianapolis, 2004.

Wallace, Keith, «The effectiveness of the transcendental meditation program», *Science Magazine* 167:1751-1754.

Weil, Andrew, *Salud y medicina natural: manual para el bienestar y el cuidado de uno mismo*, Urano, 1998.
—— *La curación espontánea*, Urano, 1995.

Whitaker, Julian, *Reversing Diabetes*, Warner Books, Nueva York, 2001.
—— «Serious problems reported with supplements», *Medical Alerts* 14:7, 2004.

Worwood, V., *Aceites esenciales y aromaterapia: guía completa con 800 recetas naturales para la salud, la belleza y el hogar*, Gaia Ediciones, Móstoles, 2018.

Zeff, Ted, *The Psychological and Physiological Effects of Meditation and the Physical Isolation Tank on the Type A Behavior Pattern*, University Microfilms, Ann Arbor, Michigan, 1981.

—— *Searching for God*, Shiva Publishing, San Ramon, California, 1997.

—— *Healing Insomnia Home Study Guide*, Zeff Publishing, San Ramon, California.

—— *Searching for God, Part II*, Shiva Publishing, San Ramon, California, 2002

books4pocket
www.books4pocket.com